日本全国「どん詰まり」を楽しむ

盲腸線紀行

盲腸線の旅にはときめきがある。まだ見ぬ終着駅に思いを馳せながら車中の時を過ごす喜びがある。それは鉄道で旅する者だけが味わうことのできる、心豊かなひとときだ。

遠い昔には全国に無数とあった盲腸線は、その多くが採算性の悪さを理由に数を減らしてしまったが、それでもまだ全国には数多くの盲腸線がある。今はひたすらにそれぞれの路線を旅してみよう。きっとどの路線の風景もが、旅人の心に刻まれるはずだ。盲腸線には、他の鉄道にはない、強い個性が宿っている。

銚子電気鉄道の終着駅外川には、昔ながらの駅舎が残り、この鉄道の旅をさらに魅力的なものに仕立てている。

津軽鉄道を走る「ストーブ列車」。この列車に乗るために、多くの人が冬の津軽を訪ねる。

大井川鐵道井川線奥大井湖上駅。この魅力的な駅は、ダム湖の建設によって生まれた。

茨城県の第三セクター鉄道ひたちなか海浜鉄道は、地元との良好な関係を築き、安定した経営が続けられている。

洒落たデザインで、小さいながら存在感を見せつける一畑電車出雲大社前駅。

伊豆半島を走る伊豆急行は、盲腸線ながら観光色の強い路線だ。今は懐かしい185系特急「踊り子」の雄姿。

神奈川・浦賀駅

岐阜・明知鉄道

富山・万葉線越ノ潟駅

山口・長門本山駅

いかにも終着駅という風情の門司港駅。昔ながらの風景が残されている。

　現代という時代は、鉄道の退潮の時代なのだろう。毎月のように、日本のどこかで災害の発生が報じられ、廃線の噂さえ伝えられてくる。けれども各地の盲腸線を旅してみれば、きっと誰もが鉄道旅行の楽しさ、鉄道という交通機関のポテンシャルの高さを再認識できるはずだ。もうこれ以上、鉄道を失ってはならない。鉄道には人の心を豊かにする強い力が備わっているのだから。

盲腸線データブック

池口英司

天夢人 Temjin

はじめに

「盲腸線」とは、終点が他の鉄道と接続していない路線のことを指す俗語で、鉄道の現場で正式な用語として使われているわけではないが、今日では趣味の世界で用いられる言葉としてすっかり定着した感がある。本来は、長い距離を走る本線から分岐して、僅かな距離を走って終着となる、距離の短い行き止まりの路線を指すものとされ、それが盲腸という言葉が用いられるようになった由来でもあるのだが、昭和末期から長く続けられてきた地方の鉄道路線の廃止によって、従来は考えられなかったような、長い距離を走る「盲腸線」も生まれてしまった。これもまた、鉄道の様変わり、現代の鉄道の姿を示す事象なのだろう。

それでは、どういう定義を持って、その路線を「盲腸線」に数えるべきなのか。実はこれがとても難しい。線路が山の中で行き止まりになり、そこから連絡する別の鉄道がない路線。これはまさに「盲腸線」のイメージそのものなのだが、それでは駅前からケーブルカーが延びていた場合はどうするのか？　あるいは、路面電車が延びていたらどうするのか？　徒歩圏に他の鉄道の路線があった場合はどうするのか？　それを考えてゆくと、定義が難しくなる。さらに別の会社の同じ名前の駅が数キロ離れて建っていることや、それとは逆に、ホームが隣接しているのに、駅名が別であることもあって、考えれば考えるほど、定義が難しくなってしまうのである。

そこで本書では、あくまでも恣意的に、趣味的な面白さを第一義として路線を数えてみた。この中にはJR金町駅と、京成電鉄の金町駅のように、間に車道が１本挟まれているだけというものもあって、これも考え方が難しいのだが、厳密な定義にこだわって数をそぎ落としてしまうのは趣味的な研究のアプローチではないはずだから、読者の方も鷹揚に考え、「そのような路線、駅もあったのだな」と、路線や駅の個性を楽しんで欲しい。ファンの立場からすれば、「あそこは違う」と異論の一つも唱えたくなるのは人情であるが、まずは日本中にある、さまざまなシチュエーションを楽しんで欲しいと思う。また、路線のどこか途中の駅で他線と接続し、そこから終着駅までは連絡がない場合も、本書ではこれを「盲腸線」に数えている。これも趣味的な判断による。このような線形は、特に地下鉄に多い。

そして本書では、対象を普通鉄道とし、軌道線、索道、鋼索鉄道などは排除したが、福井鉄道の支線のように、鉄道線との直通運転を行っているものや、軌道法に準拠はしているものの輸送規模は普通鉄道と何も変わらない大阪市高速軌道（Osaka Metro）などはカウントしている。これも趣味の見地からの処置である。各種のデータは、2023（令和5）年9月末のものに準拠することとした。これもまた、これから先に随時変わってゆくことになるが、その過程、鉄道の姿の変貌ぶりを、たびあるごとに確かめるのも、鉄道趣味の楽しさの一つとなるはずである。

いまの日本には、これだけたくさんの「盲腸線」がある。その路線が生まれ、今日の姿に至った経緯を改めて探ってみよう。そこには無数の発見と、研究者にとっての無上の喜びがある。

池口英司

盲腸線データブック
索引マップ

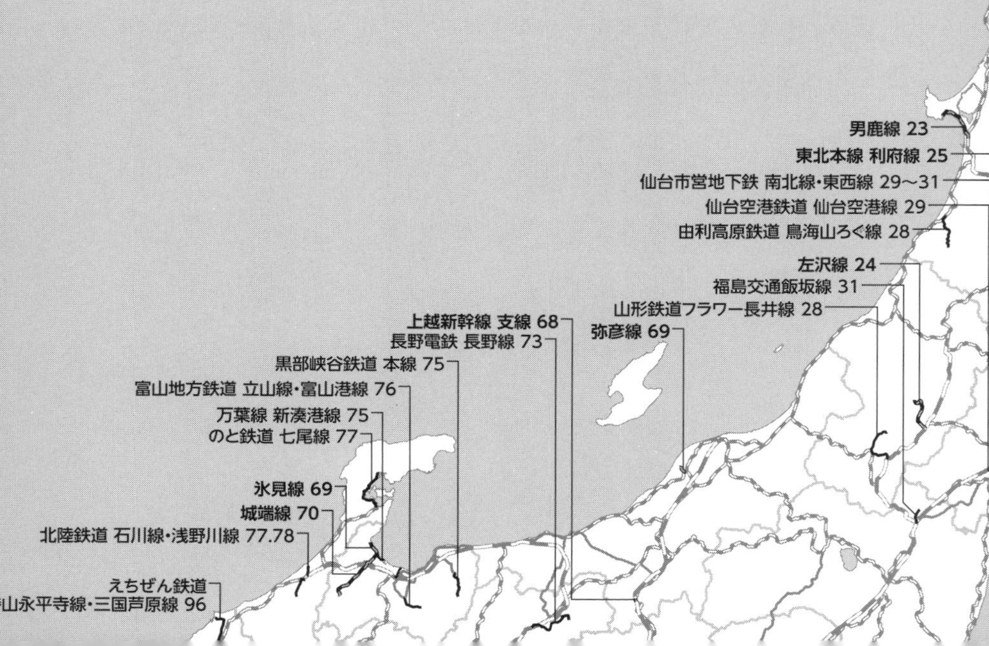

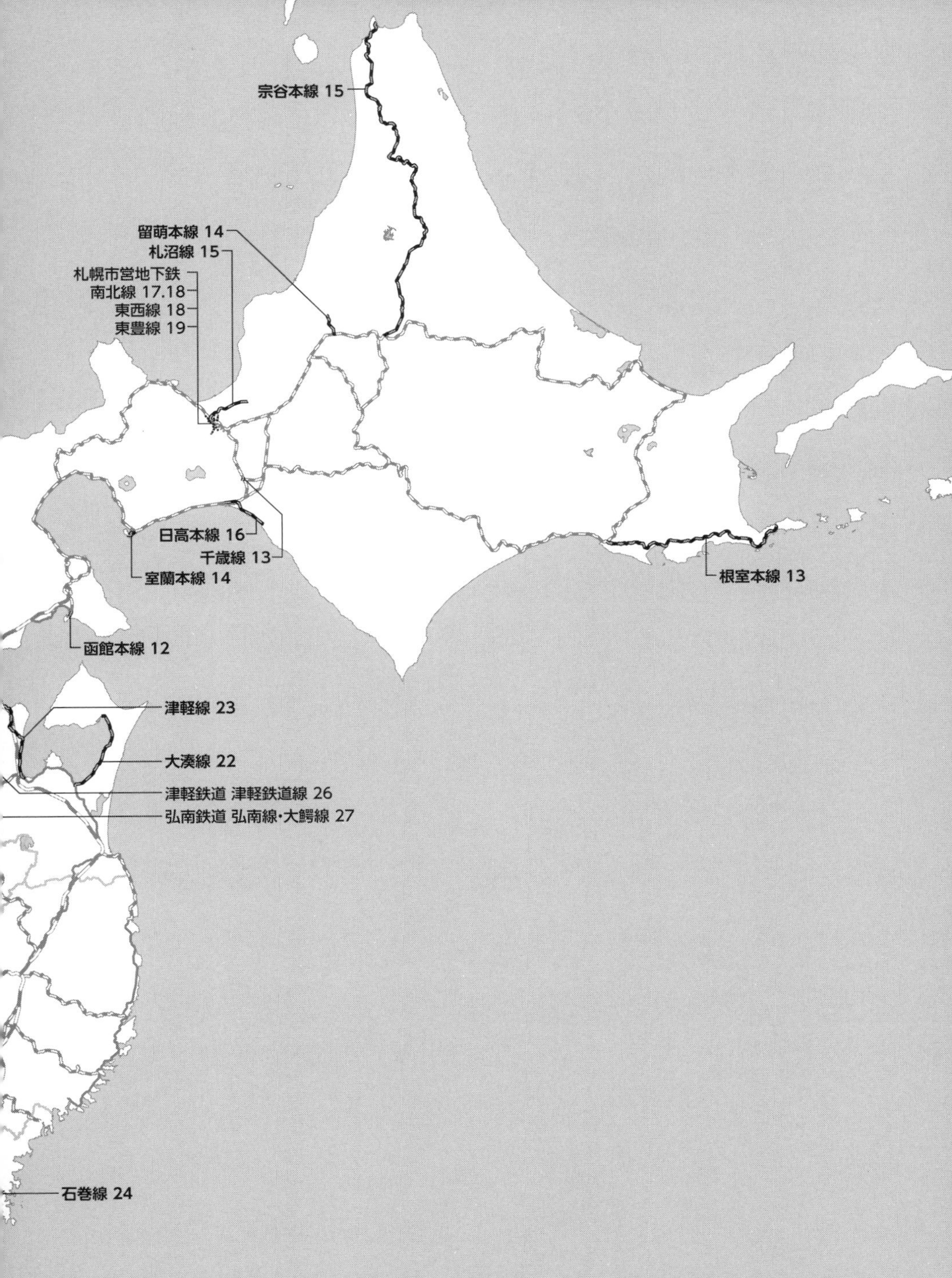
宗谷本線 15
留萌本線 14
札沼線 15
札幌市営地下鉄
南北線 17.18
東西線 18
東豊線 19
日高本線 16
千歳線 13
室蘭本線 14
根室本線 13
函館本線 12
津軽線 23
大湊線 22
津軽鉄道 津軽鉄道線 26
弘南鉄道 弘南線・大鰐線 27
石巻線 24

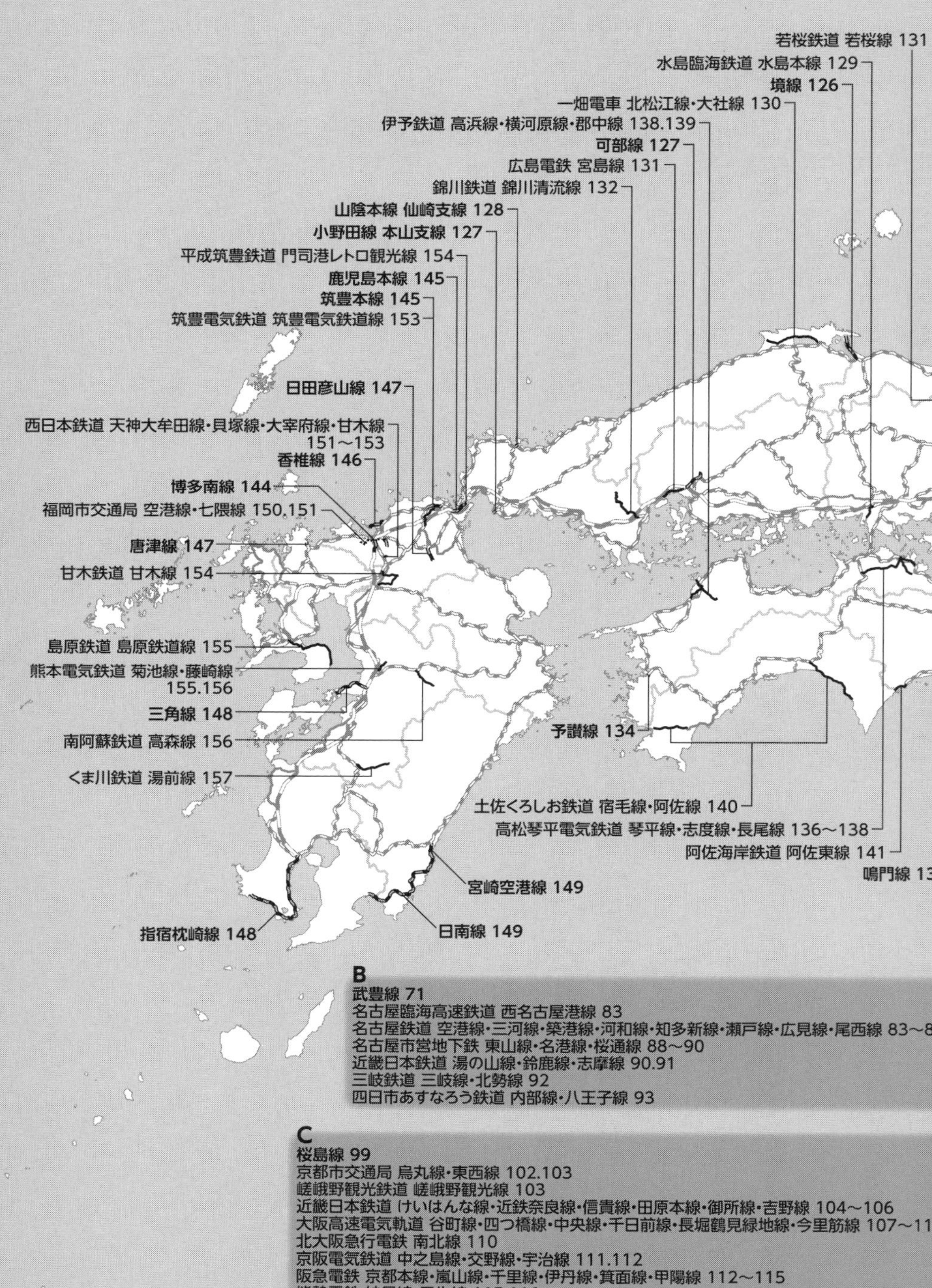
若桜鉄道 若桜線 131
水島臨海鉄道 水島本線 129
境線 126
一畑電車 北松江線・大社線 130
伊予鉄道 高浜線・横河原線・郡中線 138.139
可部線 127
広島電鉄 宮島線 131
錦川鉄道 錦川清流線 132
山陰本線 仙崎支線 128
小野田線 本山支線 127
平成筑豊鉄道 門司港レトロ観光線 154
鹿児島本線 145
筑豊本線 145
筑豊電気鉄道 筑豊電気鉄道線 153
日田彦山線 147
西日本鉄道 天神大牟田線・貝塚線・太宰府線・甘木線 151〜153
香椎線 146
博多南線 144
福岡市交通局 空港線・七隈線 150.151
唐津線 147
甘木鉄道 甘木線 154
島原鉄道 島原鉄道線 155
熊本電気鉄道 菊池線・藤崎線 155.156
三角線 148
南阿蘇鉄道 高森線 156
くま川鉄道 湯前線 157
予讃線 134
土佐くろしお鉄道 宿毛線・阿佐線 140
高松琴平電気鉄道 琴平線・志度線・長尾線 136〜138
阿佐海岸鉄道 阿佐東線 141
鳴門線 135
宮崎空港線 149
指宿枕崎線 148
日南線 149

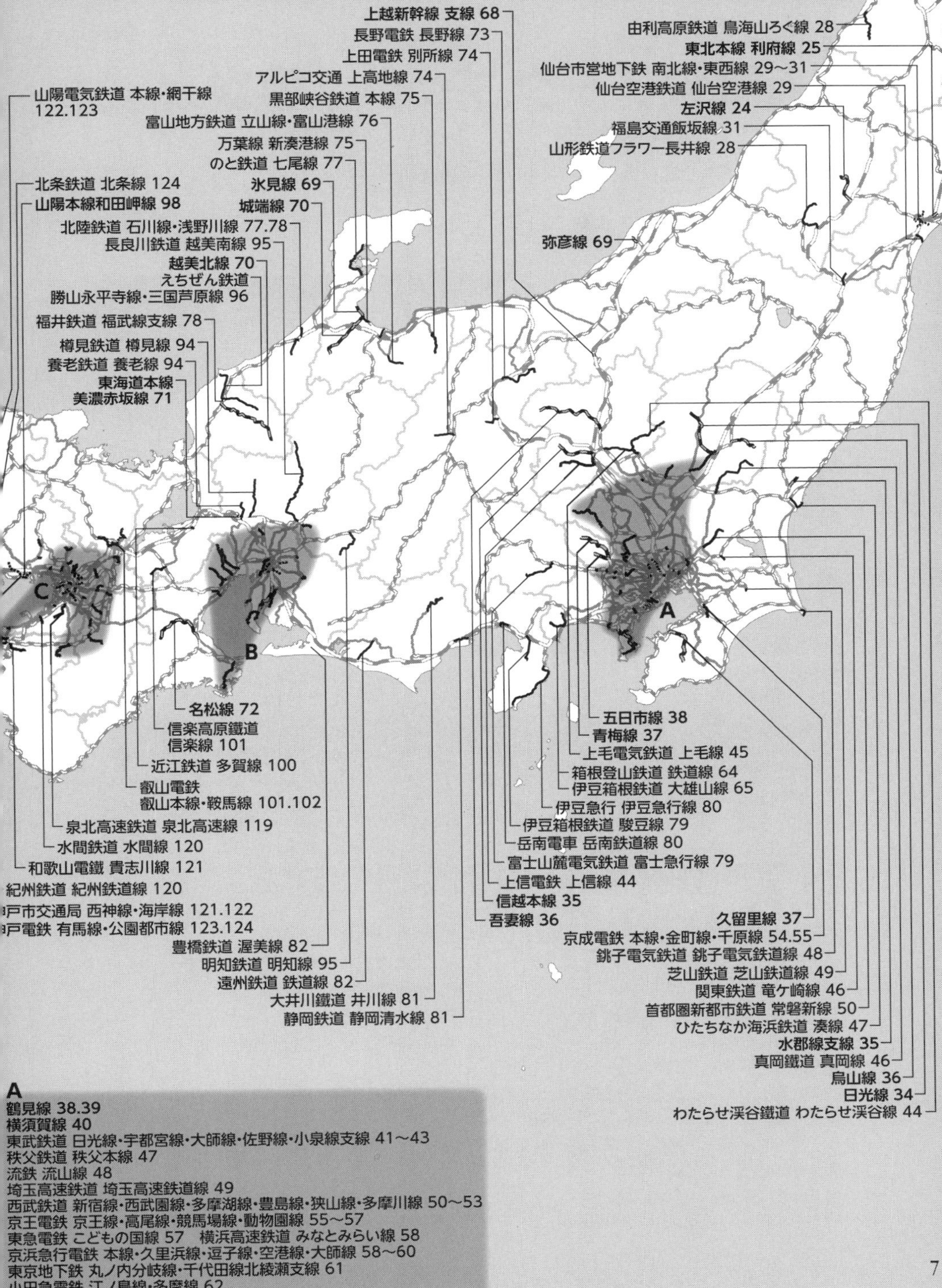

A
鶴見線 38.39
横須賀線 40
東武鉄道 日光線・宇都宮線・大師線・佐野線・小泉線支線 41～43
秩父鉄道 秩父本線 47
流鉄 流山線 48
埼玉高速鉄道 埼玉高速鉄道線 49
西武鉄道 新宿線・西武園線・多摩湖線・豊島線・狭山線・多摩川線 50～53
京王電鉄 京王線・高尾線・競馬場線・動物園線 55～57
東急電鉄 こどもの国線 57　横浜高速鉄道 みなとみらい線 58
京浜急行電鉄 本線・久里浜線・逗子線・空港線・大師線 58～60
東京地下鉄 丸ノ内分岐線・千代田線北綾瀬支線 61
小田急電鉄 江ノ島線・多摩線 62
東京都営地下鉄 浅草線・三田線・大江戸線 63.64

盲腸線データブック　目次

〈中部地方〉

・JRの盲腸線

・私鉄、第三セクター鉄道、公営交通の盲腸線

〈近畿地方〉

・JRの盲腸線

・私鉄、第三セクター鉄道、公営交通の盲腸線

北海道地方の盲腸線

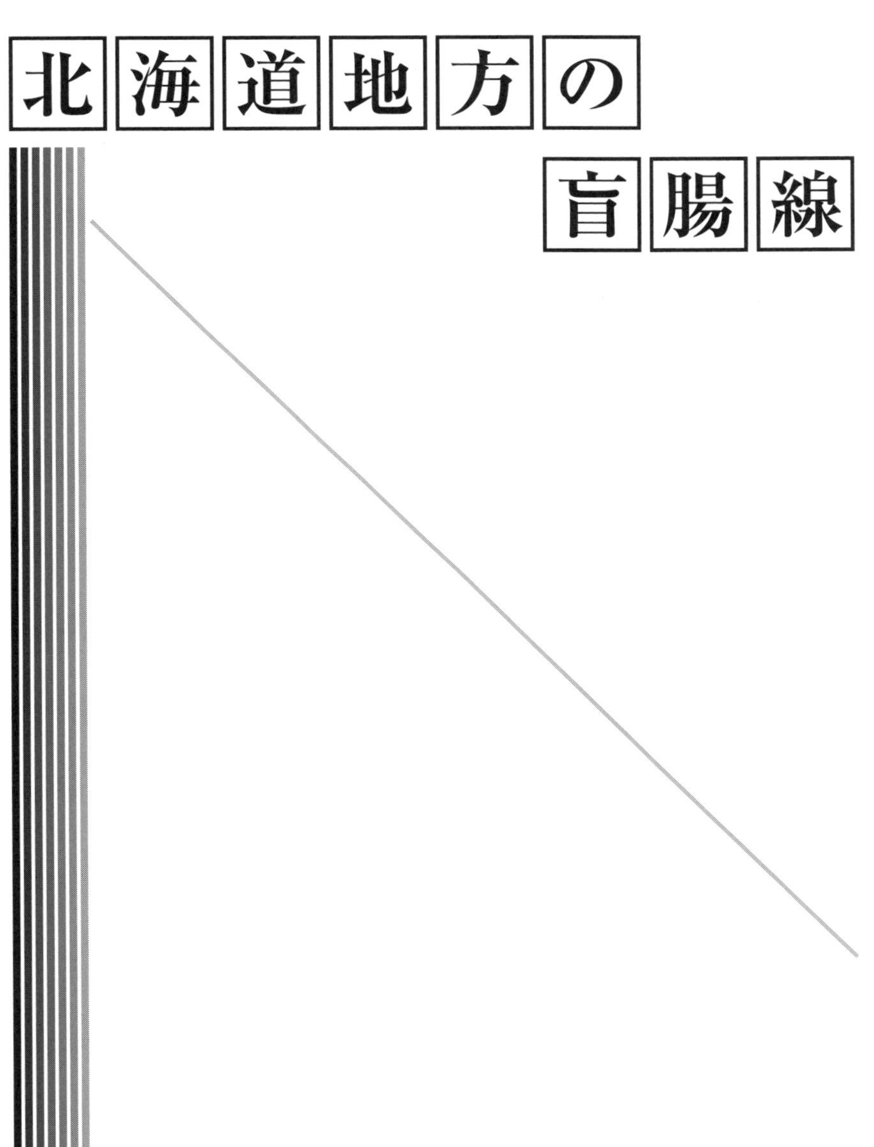

函館本線（函館～五稜郭　2駅　3.4㎞）
軌間：1067㎜　動力方式：電化　交流20000V（50Hz）

● 路線全線の起点：函館　終点：旭川（営業距離：423.1㎞）
● 路線の全通年月日：1905（明治38）年8月1日
● 該当区間の開通年月日：1902（明治35）年12月10日

Profile

長く北海道の玄関の役割を果たしてきた函館だが、青函トンネルの開通、旅客輸送の航空機へのシフトなどがあって、かつての地位が失われつつあるのは否めない。青函トンネルの開業時に電化が完成したが、現在は本州から直通する定期旅客列車はない。道南いさりび鉄道の列車が五稜郭から函館まで乗り入れ、利用客の便宜が図られている。

根室本線（東釧路～根室　17駅　132.5km）

軌間：1067㎜　動力方式：非電化

- 路線全線の起点：滝川　終点：根室（営業距離：443.8㎞）
- 路線の全通年月日：1921（大正10）年8月5日
- 該当区間の開通年月日：1921（大正10）年8月5日

Profile

花咲線の愛称がある根室本線釧路～根室間は、東釧路で釧網本線が分岐した先が盲腸線となる。車窓には道東地方特有の広大な湿地が続き、時に太平洋が広がる風景は雄大だが、沿線人口は少なく、したがって列車の運転本数も極端に少ない。現在は、快速列車が１往復半設定されているほかに優等列車の運転はない。

千歳線（空港線　新千歳空港～南千歳　2駅　2.6km）

1067㎜　動力方式：電化　交流20000V（50Hz）

- 路線全線の起点：沼ノ端　終点：白石（営業距離：56.6km）
- 路線の全通年月日：1926（大正15）年8月21日
- 該当区間の開通年月日：1992（平成4）年7月1日

Profile

1988（昭和63）年７月20日に開港した新千歳空港の、ターミナルビル完成に合わせて開業した空港アクセス線。南千歳で千歳線と接続し、快速「エアポート」は、千歳線経由で札幌に直通する。ターミナルとなる新千歳空港駅は地下に島式ホーム１面２線が設けられ、空港の国内線ターミナルに直結している。

室蘭本線（室蘭支線　室蘭～東室蘭　5駅　7.0km）

軌間：1067㎜　動力方式：非電化

- 路線全線の起点：長万部　終点：岩見沢（営業距離：211.0km）
- 路線の全通年月日：1928（昭和3）年9月10日
- 該当区間の開通年月日：1897（明治30）年7月1日

Profile

明治時代に北海道炭礦鉄道が建設を手掛けた路線で、石狩地方で産出された石炭を室蘭港に運搬することが主目的とされた。石炭が燃料の主役だった時代には、多数の運炭列車が運転されて活気を見せていたが、化石燃料の主役が石油にシフトした後には活況が失われた。それでもJR北海道はこの路線の維持が可能とアナウンスしている。

留萌本線（深川～石狩沼田　5駅　14.4km）

軌間：1067㎜　動力方式：非電化

- 路線全線の起点：深川　終点：石狩沼田（営業距離：14.4km）
- 路線の全通年月日：1921（大正10）年11月5日
- 該当区間の開通年月日：1910（明治43）年11月23日

Profile

本線を名乗りながら、現在は全長15km足らずとなってしまった路線。かつて線路は留萌を経由して増毛まで延びていたが、2016（平成28）年12月5日には留萌～増毛間が、2023（令和5）年4月1日には石狩沼田～留萌間が廃止され、名称とは裏腹に留萌に達することのない路線となってしまった。現在は路線内での列車交換も行われていない。

宗谷本線（新旭川〜稚内　38駅　255.7km）

軌間：1067㎜　動力方式：非電化〔一部電化　交流20000V（50Hz）〕

- 路線全線の起点：旭川　終点：稚内（営業距離：259.4km）
- 路線の全通年月日：1928（昭和3）年12月26日
- 該当区間の開通年月日：1928（昭和3）年12月26日

Profile

日本最北の駅、稚内に達する路線。途中の新旭川で石北本線が分岐し、同駅以北が盲腸線となる。かつては幾つもの路線が分岐していた宗谷本線だが、さまざまな路線の廃止によって、長大な盲腸線が誕生してしまったことになる。かつては札幌発着の夜行列車も運転されていたが、現在は昼行の特急列車が長距離移動の選択肢となっている。

札沼線（桑園〜北海道医療大学　14駅　28.9km）

軌間：1067㎜　動力方式：電化　交流20000V（50Hz）

- 路線全線の起点：桑園　終点：北海道医療大学（営業距離：28.9km）
- 路線の全通年月日：1935（昭和10）年10月3日
- 該当区間の開通年月日：1935（昭和10）年10月3日

Profile

路線名は、この路線がかつて札幌と石狩沼田を結んでいたことから。石狩沼田では留萌本線と接続していた。しかし、1972（昭和47）年6月19日に新十津川〜石狩沼田間が、2020（令和2）年5月7日に北海道医療大学〜新十津川間が廃止（実際の運行は4月17日で終了）され、現在の線形となった。2012（平成24）年6月1日に桑園〜北海道医療大学前間の電化が完成した。

日高本線（苫小牧〜鵡川　4駅　30.5km）

軌間：1067㎜　動力方式：非電化

- 路線全線の起点：苫小牧　終点：鵡川（営業距離：30.5km）
- 路線の全通年月日：1937（昭和12）年8月10日
- 該当区間の開通年月日：1913（大正2）年10月1日

Profile

かつては日高地方南部の様似までを走る146.5㎞の路線で、1937（昭和12）年8月10日に全通した。しかし、2015（平成27）年1月に発生した高波の影響で、2021（令和3）年4月1日に鵡川以南が廃止され、日高地方を走ることのない30㎞あまりの盲腸線となり、本線という呼び名も名ばかりのものとなってしまった。もちろん、優等列車の設定もない。

JR宗谷本線の終着駅稚内

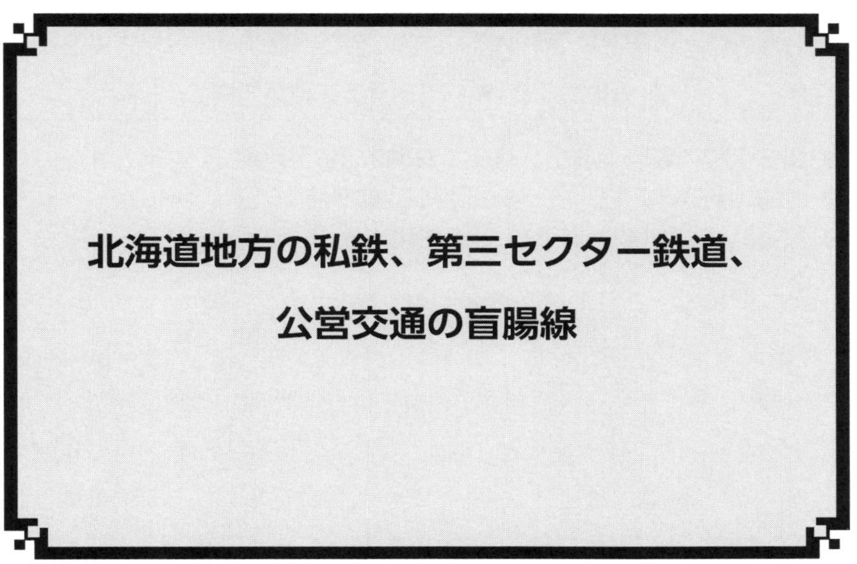

札幌市営地下鉄 南北線（麻生～さっぽろ　6駅　4.9km）

軌間：――　動力方式：直流　750V（第三軌条方式）

- 路線全線の起点：麻生　終点：真駒内（営業距離：14.3km）
- 路線の全通年月日：1978（昭和53）年3月16日
- 該当区間の開通年月日：1978（昭和53）年3月16日

Profile

麻生は札幌市営地下鉄南北線の北のターミナル。南北線は札幌市営地下鉄で初めて開業した路線で、1978（昭和53）年3月に北24条～麻生間が延伸された。札幌市営地下鉄は、全線でゴムタイヤを装着した車両を使用し、これは駅間距離の短い路線で有効とされるほか、騒音、振動の低減化にも寄与している。南北線では第三軌条を使用して集電している。

札幌市営地下鉄 南北線（すすきの～真駒内 9駅 8.2km）
軌間：―― 動力方式：直流 750V（第三軌条方式）

- 路線全線の起点：麻生 終点：真駒内（営業距離：14.3km）
- 路線の全通年月日：1978（昭和53）年3月16日
- 該当区間の開通年月日：1971（昭和46）年12月16日

Profile

札幌市営地下鉄南北線は、さっぽろ、大通、すすきのの３駅で他路線と接続することから、すすきの～真駒内間が盲腸線の形態となる。札幌市が地下鉄の工事を進めたのは、1972（昭和47）年２月に札幌オリンピックが開催されたことも一因で、大量輸送が可能な交通機関として地下鉄に白羽の矢が立った。真駒内ではスケート競技が行われている。

札幌市営地下鉄 東西線（宮の沢～大通 9駅 8.5km）
軌間：―― 動力方式：直流 1500V

- 路線全線の起点：宮の沢 終点：新さっぽろ（営業距離：20.1km）
- 路線の全通年月日：1999（平成11）年2月25日
- 該当区間の開通年月日：1999（平成11）年2月25日

Profile

札幌市営地下鉄２番目の路線として、南北線の開業から５年後の６月10日に東西線琴似～白石間が開業した。琴似から宮の沢までの延伸開業は1999（平成11）年２月のこと。また、東西線の白石～新さっぽろ間は1982（昭和57）年３月21日に開業している。東西線は延長20.1kmで札幌市営地下鉄で最長。東側は新札幌でJRと接続している。

札幌市営地下鉄　東豊線（栄町〜さっぽろ　7駅　6.7km）

軌間：——　動力方式：直流　1500V

- 路線全線の起点：栄町　終点：福住（営業距離：13.6km）
- 路線の全通年月日：1994（平成6）年10月14日
- 該当区間の開通年月日：1988（昭和63）年12月2日

Profile

東豊線は札幌市営地下鉄3番目の路線として、1988（昭和63）年12月2日に栄町〜豊水すすきの間が開業。1994（平成6）年10月14日に福住まで延伸されて、現在の線形が出来上がっている。札幌の地下鉄3路線目の東豊線でも、ゴムタイヤを装着した車両が案内軌条を使用して走る方式が採用され、この方式の信頼性の高さが立証される形となった。

札幌市営地下鉄　東豊線（大通〜福住　7駅　6.3km）

軌間：——　動力方式：直流　1500V

- 路線全線の起点：栄町　終点：福住（営業距離：13.6km）
- 路線の全通年月日：1994（平成6）年10月14日
- 該当区間の開通年月日：1994（平成6）年10月14日

Profile

南北線と接続する大通以南が、東豊線の南側の「盲腸線」区間となる。終着駅の福住は札幌ドームの最寄り駅で、同球場での試合、イベントの開催日にはやや手狭な印象もあったが、北海道日本ハムファイターズの本拠地移転によって、この輸送需要にも変化があるようだ。

COLUMN 168km短くなった盲腸

現在のJRには「本線」を名乗りながら、短い「盲腸線」となってしまった路線が幾つもある。その中の代表的存在とも言えるのが、北海道の日高本線と、留萌本線だろう。

現在の日高本線の営業距離は30.5km、留萌本線の営業距離は14.4kmで、どちらも「本線」を名乗るには役不足の感が否めないが、元々は長大な路線であった経緯から、昔からの路線名が今もそのまま使用されている。日高本線はかつて苫小牧と様似を結ぶ146.5kmの路線であり、留萌本線は深川と増毛を結ぶ66.8kmの路線であったが、相次ぐ廃止によって現在の姿になってしまった。両路線を合わせると、168.4km短くなったことになる。盲腸線のほとんどは、求められた姿にならないまま今の形が残されたもので、両路線とも海産物の運搬、さらなる路線の延伸によって広域を連絡する計画であったものが放棄された形となった。

線路の敷設と管理という大規模のインフラを要する鉄道の、社会情勢の変化に追従できない構造的な弱点が浮き彫りにされた格好だが、同様の性格を有する路線は全国に数多く、この流れはこれからも加速することこそあれ、収まりを見せる可能性は少ない。

しかし、ひとたび失われてしまった鉄道が復活する可能性はほぼない。このまま全国の鉄道がさらに数を減らして良いのか。国を挙げての再構築をすべき時が、すでに来ている。

東北地方の盲腸線

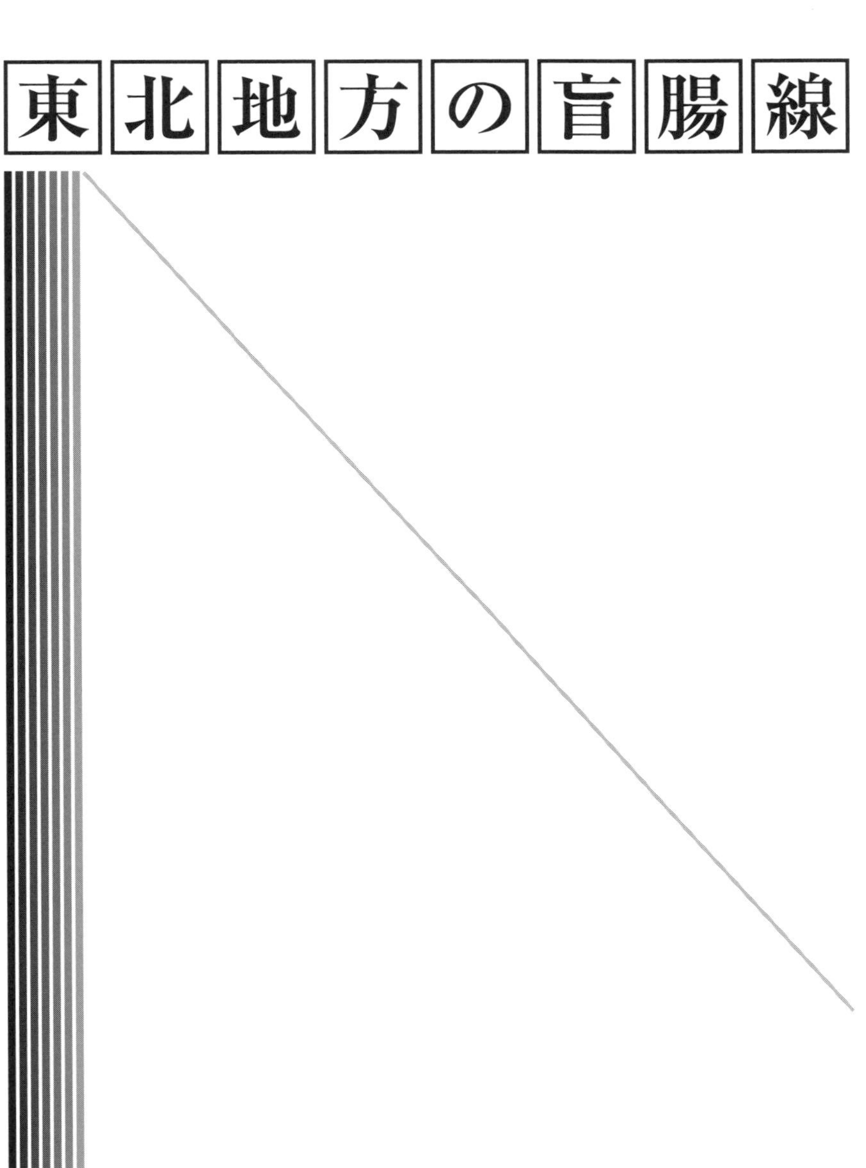

大湊線（野辺地～大湊　11駅　58.4km）
軌間：1067㎜　動力方式：非電化（内燃車両）

- 路線全線の起点：野辺地　終点：大湊（営業距離：58.4km）
- 路線の全通年月日：1921（大正10）年9月25日
- 該当区間の開通年月日：1921（大正10）年9月25日

Profile

野辺地以外で他社線と接続しない盲腸線で、起点の野辺地も現在は第三セクター鉄道、青い森鉄道の駅となっていることから、JR東日本の他の路線とも接続しない飛び地的な存在の路線となっている。かつては下北から大畑線が分岐していたが、この路線も第三セクター鉄道、下北交通に転換された後、2001（平成13）年4月1日に廃止となっている。

津軽線（蟹田～三厩　8駅　28.8km）

軌間：1067㎜　動力方式：電化　交流20000V（50Hz）・非電化（内燃車両）

- 路線全線の起点：青森　終点：三厩（営業距離：55.8km）
- 路線の全通年月日：1958（昭和33）年10月21日
- 該当区間の開通年月日：1958（昭和33）年10月21日

Profile

昭和30年代に全通した盲腸線であったが、1988（昭和63）年3月13日に青函トンネルが開通した後は、中小国信号場以南が津軽海峡線の一部となった。現在は蟹田が運転上の境界となっているが、津軽二股は北海道新幹線奥津軽いまべつと隣接している。2022（令和4）年8月3日の豪雨により、現在はバスによる代行輸送が続けられている。

男鹿線（追分～男鹿　9駅　26.4km）

軌間：1067㎜　動力方式：非電化（蓄電池電車）

- 路線全線の起点：追分　終点：男鹿（営業距離：26.4km）
- 路線の全通年月日：1916（大正5）年12月16日
- 該当区間の開通年月日：1916（大正5）年12月16日

Profile

秋田と男鹿半島にある船川港を結ぶために建設された路線。船川港は古くから良港として栄え、鉄道の建設は必然だった。開業時の路線名は船川軽便線。1968（昭和43）年に路線名が変更された。現在は日中1時間から2時間間隔での運転で、全列車が秋田まで直通する。2017（平成29）年3月から、キハ40系に替わり蓄電池電車EV-E801系の運転が開始されている。

石巻線（石巻～女川　7駅　16.8km）

軌間：1067㎜　動力方式：非電化（内燃車両）

- 路線全線の起点：小牛田　終点：女川（営業距離：44.7km）
- 路線の全通年月日：1939（昭和14）年10月7日
- 該当区間の開通年月日：1939（昭和14）年10月7日

Profile

小牛田と女川を結ぶ石巻線は、仙石線が分岐する石巻以東が盲腸線となる。小牛田～石巻間は大正時代に仙北軽便鉄道として開業した後、国有鉄道に編入。石巻～女川間が開通したのは昭和に入ってからのことであった。現在は気動車列車により線内の運転を基本とするが、上りの女川発初発列車は、石巻から仙石線に乗り入れ仙台までを走っている。

左沢線（北山形～左沢　11駅　24.3km）

軌間：1067㎜　動力方式：非電化（内燃車両）

- 路線全線の起点：北山形　終点：左沢（営業距離：24.3km）
- 路線の全通年月日：1922（大正11）年4月23日
- 該当区間の開通年月日：1922（大正11）年4月23日

Profile

大正時代に左沢軽便線として開業。ただし、これは軽便鉄道法に準拠して建設が進められたことによるもので、軌間は当初から1067mmを採用している。路線の起点は北山形となっているが、現在は寒河江～左沢間運転の区間列車を除き、全列車が山形まで直通。このために奥羽本線山形～北山形間には1067㎜軌間の線路も敷設されている。

東北本線 利府線（岩切〜利府　3駅　4.2km）

軌間：1067㎜　動力方式：電化　交流20000V（50Hz）

- 路線全線の起点：岩切　終点：利府（営業距離：4.2km）
- 路線の全通年月日：1891（明治24）年9月1日
- 該当区間の開通年月日：1890（明治23）年4月16日

Profile

明治の私鉄・日本鉄道が東北本線を建設した際に、岩切以北のルートに選んだのが、利府を経由するルートだった。しかし、このルートには勾配区間が存在することから、1944（昭和19）年11月15日に新線が開業。旧線は岩切〜利府間を残して廃止となった。現在の利府線は2両編成のワンマン列車を運転。その多くが仙台まで直通している。

新利府駅

東北地方の私鉄、第三セクター鉄道、公営交通の盲腸線

津軽鉄道　津軽鉄道線

（津軽五所川原～津軽中里　12駅　20.7km）

軌間：1067㎜　動力方式：非電化（内燃車両）

- 路線全線の起点：津軽五所川原　終点：津軽中里（営業距離：20.7km）
- 路線の全通年月日：1930（昭和5）年11月13日
- 該当区間の開通年月日：1930（昭和5）年11月13日

Profile

本州最北を走る非電化私鉄。計画段階では津軽中里からさらに路線を北に延伸させて三厩に至り、そこからは陸奥湾沿いに青森へ至るルートが検討されていたというが、青森～三厩間は国によって建設が行われ、当路線も津軽中里から先に延伸されることはなかった。冬季に運転される「ストーブ列車」は、非常に有名で、観光客の利用も多い。

弘南鉄道 弘南線（弘前～黒石　13駅　16.8km）

軌間：1067㎜　動力方式：電化　直流1500V

- 路線全線の起点：弘前　終点：黒石（営業距離：16.8km）
- 路線の全通年月日：1950（昭和25）年7月1日
- 該当区間の開通年月日：1950（昭和25）年7月1日

Profile

弘前でJRと接続し、黒石までを走る。「田んぼ鉄道」という愛称名がつけられている。黒石にはかつて国鉄黒石線の駅が設けられ、弘南鉄道の駅と隣接し、この路線は1984（昭和59）年10月31日で廃止されて、翌日から弘南鉄道黒石線となった。しかし、弘南鉄道黒石線も1998（平成10）年3月末で廃止となっている。

弘南鉄道 大鰐線（大鰐～中央弘前　14駅　13.9km）

軌間：1067㎜　動力方式：電化　直流1500V

- 路線全線の起点：大鰐　終点：中央弘前（営業距離：13.9km）
- 路線の全通年月日：1952（昭和27）年1月26日
- 該当区間の開通年月日：1952（昭和27）年1月26日

Profile

大鰐でJRと接続。弘南鉄道とJRの駅は跨線橋で繋がっているが、JRの駅は「大鰐温泉駅」を名乗っている。中央弘前と弘前は1.5kmほど離れた位置にある。弘南鉄道はかつてから東急電鉄との結びつきが強く、弘南線、大鰐線の両路線で元・東急の7000系を使用して運転が続けられている。この7000系も、そろそろ貴重な存在となりつつある。

由利高原鉄道 鳥海山ろく線

（羽後本荘～矢島　12駅　23.0km）

軌間：1067㎜　動力方式：非電化（内燃車両）

- 路線全線の起点：羽後本荘　終点：矢島（営業距離：23.0km）
- 路線の全通年月日：1938（昭和13）年10月21日
- 該当区間の開通年月日：1938（昭和13）年10月21日
- 第三セクター鉄道への転換月日：1985（昭和60）年10月1日

Profile

元々は横手と羽後本荘を結ぶ鉄道として計画され、羽後本荘～矢島間は横荘鉄道の西線と名乗ったが、戦前に国によって買収され、国鉄矢島線となった。しかし、この路線も1985（昭和60）年９月末で廃止となり、翌日からは第三セクター鉄道としての運行が始められた。転換後は駅施設の改良などを随時行い、現在に至っている。

山形鉄道 フラワー長井線（赤湯～荒砥　17駅　30.5km）

軌間：1067㎜　動力方式：非電化（内燃車両）

- 路線全線の起点：赤湯　終点：荒砥（営業距離：30.5km）
- 路線の全通年月日：1923（大正12）年4月22日
- 該当区間の開通年月日：1923（大正12）年4月22日
- 第三セクター鉄道への転換月日：1988（昭和63）年10月25日

Profile

この路線も、廃止になった国鉄ローカル線を第三セクター鉄道に転換して再出発が果たされた。計画段階では荒砥から左沢方面への延伸が視野に入れられていたというが、この計画が実現することはなかった。第三セクター鉄道への転換後は、新駅の開設、「うさぎ駅長」の採用など、さまざまな活性化策が実施されている。

仙台空港鉄道 仙台空港線（名取～仙台空港　4駅　7.1km）

軌間：1067㎜　動力方式：電化　交流20000V（50Hz）

- 路線全線の起点：名取　終点：仙台空港（営業距離：7.1km）
- 路線の全通年月日：2007（平成19）年3月18日
- 該当区間の開通年月日：2007（平成19）年3月18日

Profile

仙台空港へのアクセスを主目的に2000年代に入った後に開業した路線。JRとの相互直通運転を行い、列車は仙台～仙台空港間に運転され、「仙台空港アクセス線」という愛称名でも呼ばれている。終着の仙台空港駅は高架上に島式ホーム1面2線を備え、空港ターミナルと通路で直結している。仙台駅からはおよそ20分で到着する。

仙台市営地下鉄 南北線（泉中央～北仙台　6駅　5.4km）

軌間：1067㎜　動力方式：電化　直流1500V

- 路線全線の起点：泉中央　終点：富沢（営業距離：14.8km）
- 路線の全通年月日：1992（平成4）年7月15日
- 該当区間の開通年月日：1992（平成4）年7月15日

Profile

仙台市営地下鉄で最初に開業したのが南北線で、現在の終着駅、泉中央までの延伸は時代が平成に入った後に行われた。仙台駅で東西線、およびJRと接続しているが、線路自体は繋がっておらず、運転は他線区から独立した形で続けられている。南北線延伸後の沿線の開発は急ピッチで、地下鉄の利便性が評価された形となった。

仙台市営地下鉄 南北線（長町～富沢　3駅　2.4km）

軌間：1067㎜　動力方式：電化　直流1500V

- 路線全線の起点：泉中央　終点：富沢（営業距離：14.8km）
- 路線の全通年月日：1992（平成4）年7月15日
- 該当区間の開通年月日：1987（昭和62）年7月15日

Profile

仙台市営地下鉄で初めて開業したのが富沢～八乙女間で、東北地方で初めての地下鉄の開業は、1976（昭和51）年3月に仙台の路面電車が廃止されてから11年あまり後のこととなった。終点の富沢が他の路線と接続していないことから、南北線は両端が盲腸線の形となってはいるが、地方ローカル線のような黄昏た雰囲気はなく、通勤輸送に活躍している。

仙台市営地下鉄 東西線（八木山動物公園～仙台　7駅　6.5km）

軌間：1067㎜　動力方式：電化　直流1500V

- 路線全線の起点：八木山動物公園　終点：荒井（営業距離：13.9km）
- 路線の全通年月日：2015（平成27）年12月6日
- 該当区間の開通年月日：2015（平成27）年12月6日

Profile

仙台市で2番目の地下鉄路線として建設されたのが東西線だ。当路線は鉄輪式リニア駆動システムを採用して建設されたことから、勾配に強く、トンネル断面も小さいというアドバンテージを有している。路線が動物園の真下にあることから、建設時の騒音が動物たちに影響を与えることがないか、工事関係者は大いに気をもんだという。

仙台市営地下鉄 東西線（仙台～荒井　7駅　7.4km）

軌間：1067㎜　動力方式：電化　直流1500V

- 路線全線の起点：八木山動物公園　終点：荒井（営業距離：13.9km）
- 路線の全通年月日：2015（平成27）年12月6日
- 該当区間の開通年月日：2015（平成27）年12月6日

Profile

東西線の東側も形態的には盲腸線のスタイルとなっている。現代における地下鉄建設は、環境保護に十分に配慮しなければならず、東西線建設時にも建設の是非が問われる一幕があったが、路線完成後は、雪の日でも定時運行が確保されており、バス以上に高速、かつ正確な輸送を実現している。

福島交通 飯坂線（福島～飯坂温泉　12駅　9.2km）

軌間：1067㎜　動力方式：電化　直流1500V

- 路線全線の起点：福島　終点：飯坂温泉（営業距離：9.2km）
- 路線の全通年月日：1927（昭和2）年3月23日
- 該当区間の開通年月日：1927（昭和2）年3月23日

Profile

飯坂温泉への観光客輸送を主目的に建設され、近年は通勤・通学の足として利用されている。1991（平成3）年に架線電圧が1500Vに昇圧されて車両が一新され、現在は元・東急のステンレスカーを運転。輸送の近代化が推進されている。かつては複数の鉄道線を有していた福島交通で、残された最後の1路線となった。

COLUMN 勾配に弱かった昔の鉄道

JR東北本線の岩切から分岐して利府までを走る通称利府線の終点利府が開業したのは1894（明治27）年1月4日のこと。だからもう130年近い歴史がある。

開業時は私鉄・日本鉄道の駅で、利府駅は青森に向かう幹線の中間駅だった。この路線は現在の東北本線の前身である。しかし、利府を経由するルートには16.7パーミル（16.7/1000）という勾配区間があったことから、1944（昭和19）年11月15日には、より平坦な新線が開業し、利府線は蛇行した川の後に残される三日月湖にも似た形で「盲腸線」が残された。鉄道の主力が蒸気機関車であった時代、最大の難関とされたのが勾配区間で、線路際に立ってみても、そこが急な坂であることを実感することは難しいであろう16.7パーミル勾配も、蒸気機関車にとっては運転の難しい場所だった。

もちろん、現代の鉄道車両はこの程度の勾配は苦も無く通過する。現存する日本最古の鉄道トンネルである東海道本線横浜～戸塚間にある清水谷戸トンネルの前後には10パーミルの勾配があって、ブルートレインを引く電気機関車（パワーは蒸気機関車とはけた違い）の機関士も、勾配の上りには気を使ったという。しかし、現代の電車の乗客は、ここに勾配があることに気が付く人は少ないはずだ。ほかにも例えば北陸新幹線の「碓氷峠越え」には30パーミルの勾配がある。

鉄道の技術の発達の過程が、鉄道の歴史にもさまざまな影を落としている。

関東地方の盲腸線

関東地方のJRの盲腸線

日光線（宇都宮〜日光　7駅　40.5km）

軌間：1067㎜　動力方式：電化　直流1500V

- 路線全線の起点：宇都宮　終点：日光（営業距離：40.5km）
- 路線の全通年月日：1890（明治23）年8月1日
- 該当区間の開通年月日：1890（明治23）年8月1日

Profile

明治の私鉄・日本鉄道が建設を手掛けた路線。国際観光地として知られる日光への観光輸送を主目的にしたもので、昭和初期からは東武鉄道日光線とのし烈なシェア争いが繰り広げられたことで知られる。昭和30年代に東武鉄道が特急車を投入すると、長く続いた競争は東武鉄道に軍配が上がり、以後は静かな雰囲気のローカル線になった感がある。

信越本線（高崎～横川　8駅　29.7km）

軌間：1067㎜　動力方式：電化　直流1500V

- 路線全線の起点：高崎　終点：新潟（営業距離：181.5km）
- 路線の全通年月日：1904（明治37）年5月3日
- 該当区間の開通年月日：1885（明治18）年10月15日

Profile

かつては高崎と新潟を結ぶ一大幹線だった信越本線も、今は北陸新幹線の延伸と、並行在来線の第三セクター鉄道化によって、３つの区間に分断されてしまった。高崎～横川間も「本線」を名乗りながら、山間部を走る盲腸線となり、幹線というイメージからはほど遠い。横川駅の名物駅弁「峠の釜めし」は健在。駅にも売店が設置されている。

水郡線 支線（上菅谷～常陸太田　6駅　9.5km）

軌間：1067㎜　動力方式：非電化（内燃車両）

- 路線全線の起点：上菅谷　終点：常陸太田（営業距離：9.5km）
- 路線の全通年月日：1934（昭和9）年12月4日
- 該当区間の開通年月日：1899（明治32）年4月1日

Profile

水戸と郡山を結ぶ水郡線の中間駅から分岐する10㎞足らずの盲腸線。水郡線は明治中期に地元資本による太田鉄道によって建設された路線で、明治にはこれと同様に全国に経営規模の小さな鉄道が多数建設されていた。鉄道は当時の先端産業であり、今日で言うところの、ベンチャービジネス的な色合いが濃かったのだろう。

烏山線（宝積寺～烏山　8駅　20.4km）

軌間：1067㎜　動力方式：非電化（蓄電池電車）

- 路線全線の起点：宝積寺　終点：烏山（営業距離：20.4km）
- 路線の全通年月日：1923（大正12）年4月15日
- 該当区間の開通年月日：1923（大正12）年4月15日

Profile

東北本線と常磐線を結ぶ計画もあったというが、これは実現せず、東北本線から分岐する盲腸線となった路線。一時期は廃止候補に数えられたこともあったが、営業成績がさほど悪いものではなかったことから廃止を免れた。現在は新鋭の蓄電池電車によって、列車の運行が続けられている。

吾妻線（渋川～大前　18駅　55.3km）

軌間：1067㎜　動力方式：電化　直流1500V

- 路線全線の起点：渋川　終点：大前（営業距離：55.3km）
- 路線の全通年月日：1971（昭和46）年3月7日
- 該当区間の開通年月日：1971（昭和46）年3月7日

Profile

群馬鉄山で産出される鉄鉱石の運搬を主目的に建設されたとされるが、鉄山は1965（昭和40）年に閉山となっている。八ッ場ダムの建設に伴い一部区間の線路に付け替えが行われたことは記憶に新しい。政権の交替によって建設計画が二転三転したダムも2020（令和2）年4月には使用が開始され、山間部に新しい景観を創り出した。

久留里線（木更津～上総亀山　14駅　32.2km）

軌間：1067㎜　動力方式：非電化（内燃車両）

- 路線全線の起点：木更津　終点：上総亀山（営業距離：32.2km）
- 路線の全通年月日：1936（昭和11）年3月25日
- 該当区間の開通年月日：1936（昭和11）年3月25日

Profile

千葉県を走るJRで唯一の非電化路線。当初の建設計画では、房総半島を横断し、外房の大原に至ることが掲げられていたが、この計画が実現することはなかった。千葉県が建設を手掛け、当初は762mm軌間という軽便鉄道のスタンダードが採用されていたが、国有化後の1930（昭和5）年8月20日に1067mm軌間へと改軌されている。

青梅線（拝島～奥多摩　20駅　30.3km）

軌間：1067㎜　動力方式：電化　直流1500V

- 路線全線の起点：立川　終点：奥多摩（営業距離：37.2km）
- 路線の全通年月日：1944（昭和19）年7月1日
- 該当区間の開通年月日：1944（昭和19）年7月1日

Profile

立川～御嶽間は私鉄の青梅鉄道が建設。戦時中に国によって買収され、最終的な延伸は国有鉄道が手掛けた。線路は多摩川の左岸に沿って延び、車窓風景を楽しめるように、座席を川向きに設置した車両が運転されたこともあった。沿線は都心から近い観光スポットとして、近年になって人気が上昇している。

五日市線（拝島～武蔵五日市　7駅　11.1km）

軌間：1067㎜　動力方式：電化　直流1500V

- 路線全線の起点：拝島　終点：武蔵五日市（営業距離：11.1km）
- 路線の全通年月日：1925（大正14）年4月21日
- 該当区間の開通年月日：1925（大正14）年4月21日

Profile

私鉄の五日市鉄道が建設した路線で、戦前に、現在の南武線の建設を手掛けた南武鉄道と合併して同社の五日市線となり、青梅線と同様に戦時中に国有化されている。かつては、中央線に直通して東京駅まで走る列車も設定されていたが、現在は消滅。沿線に観光スポットが少ないことから、並行する青梅線よりも地味な役回りとなっている。

鶴見線 海芝浦支線（浅野～海芝浦　3駅　1.7km）

軌間：1067㎜　動力方式：電化　直流1500V

- 路線全線の起点：浅野　終点：海芝浦（営業距離：1.7km）
- 路線の全通年月日：1940（昭和15）年11月1日
- 該当区間の開通年月日：1940（昭和15）年11月1日

Profile

終着駅海芝浦が「改札口の外に出られない駅」として有名になった路線。近年になって駅構内に小さな公園が整備され、そこで休憩してから引き返してゆく乗客も多く見られる。分岐駅の浅野は、海芝浦支線用のホームと、扇町方面ホームが別個にある独特の構造。運河沿いを走る路線は延長 1.7km という短いものだ。

鶴見線 大川支線（武蔵白石～大川　2駅　1.0km）

軌間：1067㎜　動力方式：電化　直流1500V

- 路線全線の起点：武蔵白石　終点：大川（営業距離：1.0km）
- 路線の全通年月日：1940（昭和15）年11月1日
- 該当区間の開通年月日：1926（大正15）年3月10日

Profile

1996（平成8）年3月まで旧型国電の範疇に入るクモハ12形が単行で運転されていたことで注目された路線。武蔵白石駅の線路配置の変更によって、大川支線を走る列車は、それまでの武蔵白石発ではなく、武蔵白石駅を通過する形で、隣の安善から大川支線に入る形に改められている。ただし大川支線の起点は、今でも武蔵白石のままだ。

鶴見線（浜川崎～扇町　3駅　1.3km）

軌間：1067㎜　動力方式：電化　直流1500V

- 路線全線の起点：鶴見　終点：扇町（営業距離：7.0km）
- 路線の全通年月日：1940（昭和15）年11月1日
- 該当区間の開通年月日：1928（昭和3）年8月18日

Profile

鶴見線の本線的な役割を果たしているのが鶴見～扇町間の路線で、南武支線と接続する浜川崎以東の区間が盲腸線となる。終着駅の扇町は工場街の中にある駅だが、単式ホーム1面のみの小さな規模で、日中の閑散時間帯は利用者も少ないことから、ローカル線の終点に似たのどかな雰囲気が漂っている。

横須賀線（大船〜久里浜　9駅　23.9km）

軌間：1067㎜　動力方式：電化　直流1500V

- 路線全線の起点：大船　終点：久里浜（営業距離：23.9km）
- 路線の全通年月日：1944（昭和19）年4月1日
- 該当区間の開通年月日：1944（昭和19）年4月1日

Profile

首都圏の主要な通勤路線となっている横須賀線も、形態的には盲腸線のスタイルとなっている。終着駅久里浜と並行する京浜急行の京急久里浜駅には徒歩でおよそ３分の距離があり、商店街は京急の駅に隣接する形で延びている。横須賀に軍港があったこともあり、横須賀線は近代化がいち早く進められてきた。

鶴見線扇町駅

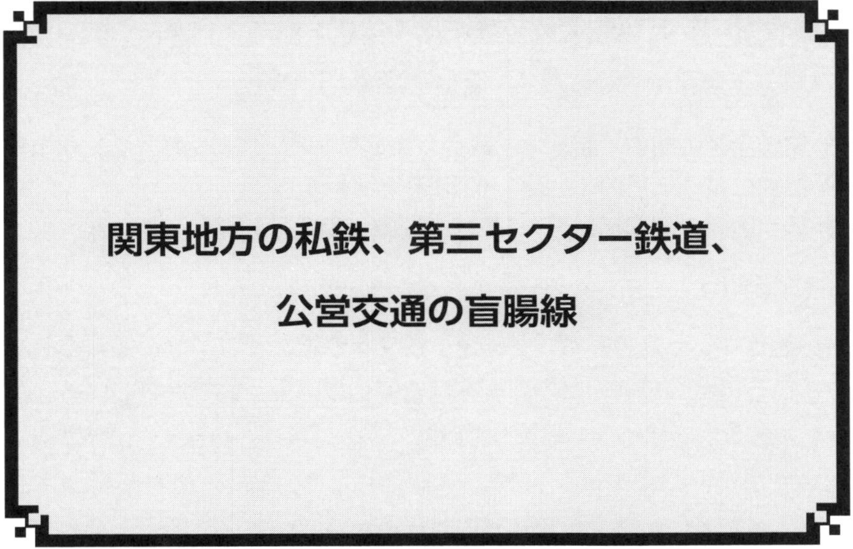

関東地方の私鉄、第三セクター鉄道、公営交通の盲腸線

東武鉄道 日光線（下今市〜東武日光　3駅　7.1km）

軌間：1067㎜　動力方式：電化　直流1500V

- 路線全線の起点：東武動物公園　終点：東武日光（営業距離94.5km）
- 路線の全通年月日：1929（昭和4）年10月1日
- 該当区間の開通年月日：1929（昭和4）年10月1日

Profile

東武鉄道が日光への観光客輸送を目論んで、昭和初期に全線を一気に開業させた路線。路線は例幣使街道に沿う形で、一路今市を目指す。当初から特急列車を運転し、国鉄とのシェア争いを展開している。鬼怒川線が分岐する下今市から先が盲腸線の形となるが、日光からは足尾に抜けるバス便があり、マニア好みの抜け道となっている。

東武鉄道 宇都宮線（新栃木〜東武宇都宮　11駅　24.3km）

軌間：1067㎜　動力方式：電化　直流1500V

- 路線全線の起点：新栃木　終点：東武宇都宮（営業距離：24.3km）
- 路線の全通年月日：1931（昭和6）年8月11日
- 該当区間の開通年月日：1931（昭和6）年8月11日

Profile

日光線から分岐して東武宇都宮に達する路線だが、都心と宇都宮を結ぶという位置づけは希薄で、現在は普通列車のみが運行されている。ただし運転本数は多く、宇都宮への通勤・通学の路線という色合いが濃い。終着駅の東武宇都宮は、JR宇都宮駅からは1.8㎞ほど離れた位置にあるが、繁華街は東武宇都宮駅を中心に広がっている。

東武鉄道 大師線（西新井〜大師前　2駅　1.0km）

軌間：1067㎜　動力方式：電化　直流1500V

- 路線全線の起点：西新井　終点：大師前（営業距離：1.0km）
- 路線の全通年月日：1931（昭和6）年12月20日
- 該当区間の開通年月日：1931（昭和6）年12月20日

Profile

伊勢崎線と東上線（現・東上本線）を結ぶ「西板線」として建設が計画されたが、計画は中断し、西新井大師への参拝客輸送を目的として部分開業した区間が残された。終着駅の大師前には、自動改札機などの設置はなく、改札業務などは分岐駅の西新井で行われている。全線が単線で、西新井付近を除き高架化されている。

東武鉄道 佐野線（佐野〜葛生　6駅　10.6km）

軌間：1067㎜　動力方式：電化　直流1500V

- 路線全線の起点：館林　終点：葛生（営業距離：22.1km）
- 路線の全通年月日：1914（大正3）年8月2日
- 該当区間の開通年月日：1903（明治36）年6月17日

Profile

葛生で産出される石灰石を運ぶために、佐野鉄道によって建設された路線。1912（明治45）年に東武鉄道と合併。貨物輸送は2003（平成15）年10月1日に正式に廃止となっている。東武鉄道に買収された後、当線を延伸する形で、日光方面の路線を建設する計画があったが、これは熱心な誘致があり、地形も平坦な栃木経由に改められている。

東武鉄道 小泉線 支線（東小泉〜西小泉　3駅　2.2km）

軌間：1067㎜　動力方式：電化　直流1500V

- 路線全線の起点：東小泉　終点：西小泉（営業距離：2.2km）
- 路線の全通年月日：1941（昭和16）年12月1日
- 該当区間の開通年月日：1941（昭和16）年12月1日

Profile

元々は貨物線として建設され、戦前戦中には、中島飛行機への資材運搬にも利用された。

今も小泉線の沿線には工場が多く建ち、従業員の輸送に利用されている。かつては、伊勢崎線に直通列車も設定されていたが、現在はすべての列車が線内を往復。2両編成のワンマン運転で運行されている。

わたらせ渓谷鐵道 わたらせ渓谷線

(相老〜間藤　15駅　41.0km)

軌間：1067㎜　動力方式：非電化(内燃車両)

- 路線全線の起点：桐生　終点：間藤(営業距離：44.1km)
- 路線の全通年月日：1914(大正3)年8月25日
- 該当区間の開通年月日：1914(大正3)年8月25日
- 第三セクター鉄道への転換日：1987(昭和62)年4月1日

Profile

旧・国鉄足尾線を受け継いだ第三セクター鉄道。国鉄線としての歴史は長く、大正初期に開業し、足尾銅山で産出される鉱石運搬に貢献。足尾銅山の最盛期には、栃木県では宇都宮に次ぐ数の人が足尾に住まっていたという。第三セクター鉄道になってからは、線路に沿って延びる渡良瀬川の渓谷美を楽しむ観光列車も運転されるようになった。

上信電鉄 上信線(高崎〜下仁田　21駅　33.7km)

軌間：1067㎜　動力方式：電化　直流1500V

- 路線全線の起点：高崎　終点：下仁田(営業距離：33.7km)
- 路線の全通年月日：1897(明治30)年9月10日
- 該当区間の開通年月日：1897(明治30)年9月10日

Profile

北関東の交通の要衝・高崎と、こんにゃくの名産地として知られる下仁田を結ぶ。全長34㎞弱と相応の延長を有している路線だが、現在は優等列車の設定はなく、全列車がワンマンによって運転されている。斬新な車両を積極的に導入することで知られてきたが、近年は他社からの譲渡車も入線。もっとも、これもまた貴重な存在となっている。

上毛電気鉄道 上毛線（中央前橋～赤城　18駅　19.6km）

軌間：1067㎜　動力方式：電化　直流1500V

- 路線全線の起点：中央前橋　終点：西桐生（営業距離：25.4km）
- 路線の全通年月日：1928（昭和3）年11月10日
- 該当区間の開通年月日：1928（昭和3）年11月10日

Profile

昭和初期に全線が一気に開業して以来、路線の延伸も、廃止も行われていないという稀有な歴史を備える路線。都市近郊を走る鉄道として、需要と供給がぴったりとフィットしているということだろうか。この路線の名物として知られているのが、開業以来運転が続けられている旧型車デハ100形。今も正月などに臨時運転され、利用客を喜ばせている。

上毛電気鉄道 上毛線（赤城～西桐生　6駅　5.8km）

軌間：1067㎜　動力方式：電化　直流1500V

- 路線全線の起点：中央前橋　終点：西桐生（営業距離：25.4km）
- 路線の全通年月日：1928（昭和3）年11月10日
- 該当区間の開通年月日：1928（昭和3）年11月10日

Profile

上毛線は両端の駅が他の路線と接続していないことから、東武鉄道と接続する赤城を境界として両側が盲腸線の形態となっている。現在の主力車両として運転されているのが、京王電鉄から譲渡された700形。京王時代は3000系を名乗り、井の頭線で運転されていた車両である。現在は2両編成を組み、8編成が在籍している。

真岡鐵道 真岡線（下館～茂木　17駅　41.9km）

軌間：1067㎜　動力方式：非電化（内燃車両）

- 路線全線の起点：下館　終点：茂木（営業距離：41.9km）
- 路線の全通年月日：1920（大正9）年12月15日
- 該当区間の開通年月日：1920（大正9）年12月15日
- 第三セクター鉄道への転換日：1988（昭和63）年4月11日

Profile

廃止となったJR真岡線を受け継ぎ、第三セクター鉄道としてリスタートを切った路線。沿線に里山が広がる典型的な日本のローカル線といった風情を見せているが、1994（平成6）年3月27日から「SLもおか」による蒸気機関車の動態保存運転を開始。この運転も開始から30年近くが経過し、すっかり定着した感がある。

関東鉄道 竜ケ崎線（佐貫～竜ケ崎　3駅　4.5km）

軌間：1067㎜　動力方式：非電化（内燃車両）

- 路線全線の起点：佐貫　終点：竜ケ崎（営業距離：4.5km）
- 路線の全通年月日：1900（明治33）年8月14日
- 該当区間の開通年月日：1900（明治33）年8月14日

Profile

明治中期に竜崎鉄道によって、762mm軌間の蒸気鉄道として開業した路線。以後、今日まで途中駅などには変更があるものの、路線延長は開業以来変わっていない。路線内に列車の交換設備はなく、朝に2両編成が組成される以外は、単行気動車が全線を往復している。終着駅の竜ケ崎も、単式ホーム1本のみの小さな駅だ。

ひたちなか海浜鉄道 湊線
（勝田～阿字ヶ浦　11駅　14.3km）

軌間：1067㎜　動力方式：非電化（内燃車両）

- 路線全線の起点：勝田　終点：阿字ヶ浦（営業距離：14.3km）
- 路線の全通年月日：1928（昭和3）年7月17日
- 該当区間の開通年月日：1928（昭和3）年7月17日
- 第三セクター鉄道への転換日：2008（平成20）年4月1日

Profile

それまでの茨城交通湊線の施設、車両などを受け継いで開業した第三セクター鉄道の路線。リスタートを切った後も、イベント列車の運転など、華やかな事業を展開することはないものの、地元自治体との協調、利用者の理解を得ることによって、堅調な経営を続けている。もちろん、列車運転時間の見直しなど、利便性の向上も随時続けられている。

秩父鉄道 秩父本線（御花畑～三峰口　7駅　12.0km）

軌間：1067㎜　動力方式：電化　直流1500V

- 路線全線の起点：羽生　終点：三峰口（営業距離：71.7km）
- 路線の全通年月日：1930（昭和5）年3月15日
- 該当区間の開通年月日：1930（昭和5）年3月15日

Profile

埼玉県を東西に横断する形で70km超の長大な路線を有する私鉄。御花畑駅で西武鉄道と接続し連絡線も設置されている。西武秩父駅とは100ｍ離れているが、運賃計算上でも同一の駅とされている。御花畑から三峰口までは盲腸線。終着駅三峰口駅はSL列車の運転に備えて転車台の設置など、設備の充実が図られている。

銚子電気鉄道 銚子電気鉄道線

（銚子～外川　10駅　6.4km）

軌間：1067㎜　動力方式：電化　直流600V

- 路線全線の起点：銚子　終点：外川（営業距離：6.4km）
- 路線の全通年月日：1923（大正12）年7月15日
- 該当区間の開通年月日：1923（大正12）年7月15日

Profile

千葉県の東端を走る延長6㎞あまりのミニ私鉄。これまでに幾度もの廃線の危機にさらされながら、その都度、驚異的な経営努力によって危機を脱してきたという経緯を持つ。近年はインターネットによる物販販売を積極的に行い、黒字を計上。のどかな雰囲気を味わうべく、休日には観光客の利用が多い。

流鉄 流山線（馬橋～流山　6駅　5.7km）

軌間：1067㎜　動力方式：電化　直流1500V

- 路線全線の起点：馬橋　終点：流山（営業距離：5.7km）
- 路線の全通年月日：1916（大正5）年3月14日
- 該当区間の開通年月日：1916（大正5）年3月14日

Profile

2008（平成20）年8月1日に、それまでの総武流山電鉄から社名を変更した路線。もちろん、路線の距離などに変更はなく、延長6㎞足らずながら、都市近郊の通勤路線として運転が続けられている。都市近郊を走る路線ゆえ、複数の他社線が近くを走っているが、JRと接続する馬橋以外の各駅は、他社と接続のない独立した駅となっている。

芝山鉄道 芝山鉄道線（東成田〜芝山千代田　2駅　2.2km）

軌間：1435㎜　動力方式：電化　直流1500V

- 路線全線の起点：東成田　終点：芝山千代田（営業距離：2.2km）
- 路線の全通年月日：2002（平成14）年10月27日
- 該当区間の開通年月日：2002（平成14）年10月27日

Profile

成田空港が建設された地域の生活環境を確保するために建設された第三セクター鉄道の路線。東成田で京成電鉄と接続。運転される車両も京成電鉄からのリースによっている。延長2kmあまりの「日本で一番短い鉄道」とマスコミに紹介されることも少なくない。経営スタイルに囚われることなく地域の足として、運転が続けられている。

埼玉高速鉄道 埼玉高速鉄道線（東川口〜浦和美園　2駅　2.4km）

軌間：1067㎜　動力方式：電化　直流1500V

- 路線全線の起点：赤羽岩淵　終点：浦和美園（営業距離：14.6km）
- 路線の全通年月日：2001（平成13）年3月28日
- 該当区間の開通年月日：2001（平成13）年3月28日

Profile

赤羽岩淵で東京メトロと接続し、浦和美園まで延びる埼玉高速鉄道も、JRと接続する東川口以北の1区間が盲腸線の形態となっている。埼玉高速鉄道の列車は全列車が東京メトロとの直通運転を行い、東急目黒線、東急新横浜線からの直通列車もあるから、線路は行き止まりになっていても立派な都市圏の路線である。岩槻方面への延伸も計画にあるという。

首都圏新都市鉄道 常磐新線

（守谷～つくば　6駅　20.6km）

軌間：1067mm　動力方式：電化　直流1500V・交流20000V（50Hz）

- 路線全線の起点：秋葉原　終点：つくば（営業距離：58.3km）
- 路線の全通年月日：2005（平成17）年8月24日
- 該当区間の開通年月日：2005（平成17）年8月24日

Profile

「つくばエクスプレス」の愛称名で親しまれている。常磐新線、あるいは第二常磐線の名の下に、建設計画は1980年代から進められ、2000年代に入ってようやく路線が日の目を見ることになった。現代の鉄道らしく高規格で建設され、守谷の北にデッドセクションがあり、以北は交流電化。守谷以北が盲腸線の形態となっている。

西武鉄道 新宿線（西武新宿～高田馬場　2駅　2.0km）

軌間：1067mm　動力方式：電化　直流1500V

- 路線全線の起点：西武新宿　終点：本川越（営業距離：47.5km）
- 路線の全通年月日：1952（昭和27）年3月25日
- 該当区間の開通年月日：1952（昭和27）年3月25日

Profile

西武鉄道の2大幹線の一つ、新宿線も形態的には盲腸線となっている。現在のターミナル西武新宿は、将来の新宿への延伸を視野に入れて暫定的に設置された駅だったが、結局は用地の確保が困難になり、ここが新宿線のターミナルということで落ち着いてしまったという経緯がある。新宿駅との間にはおよそ500mの距離がある。

西武鉄道 新宿線（所沢〜本川越　8駅　18.6km）

軌間：1067㎜　動力方式：電化　直流1500V

- 路線全線の起点：西武新宿　終点：本川越（営業距離：47.5km）
- 路線の全通年月日：1952(昭和27)年3月25日
- 該当区間の開通年月日：1895(明治28)年3月21日

Profile

新宿線は西の端の側も盲腸線となっている。西武鉄道の一大ジャンクションとなっている所沢以西で他線との接続はなく、終着駅本川越駅は東武鉄道川越市駅から徒歩5分、JR川越駅から徒歩10分の距離がある。頭端駅ホーム2面3線が商業ビルの1階部分に設けられた本川越駅は地域のランドマークとして機能する。川越名物の古い町並みも近い。

西武鉄道 西武園線（東村山〜西武園　2駅　2.4km）

軌間：1067㎜　動力方式：電化　直流1500V

- 路線全線の起点：東村山　終点：西武園（営業距離：2.4km）
- 路線の全通年月日：1930(昭和5)年4月5日
- 該当区間の開通年月日：1930(昭和5)年4月5日

Profile

東京の西部で複雑な路線網を有する西武鉄道。これはそれぞれの路線が、元々は別会社で、さまざまな思惑をもって路線を建設したことに起因する。西武園線は村山貯水池へのアクセス路線として誕生。1927（昭和2）年に竣工したこの人造湖は、東京からも手短かな観光スポットとして、多くの交通機関が路線を延ばし、乗客の誘致合戦を繰り広げた。

西武鉄道 多摩湖線（荻山～多摩湖　4駅　4.6km）

軌間：1067㎜　動力方式：電化　直流1500V

- 路線全線の起点：国分寺　終点：多摩湖（営業距離：9.2km）
- 路線の全通年月日：1936（昭和11）年12月30日
- 該当区間の開通年月日：1936（昭和11）年12月30日

Profile

西武園線と同じく村山貯水池へのアクセスを図って誕生。建設を手掛けた多摩湖鉄道は、後に武蔵野鉄道と合併。武蔵野鉄道は現在の西武池袋線の前身である。現在の多摩湖線は、国分寺発着の列車が線内を往復する。かつては、新宿線への直通列車も多数設定されていたが、今は沿線でのイベント開催時に臨時列車が直通運転される形となっている。

西武鉄道 豊島線（練馬～豊島園　2駅　1.0km）

軌間：1067㎜　動力方式：電化　直流1500V

- 路線全線の起点：練馬　終点：豊島園（営業距離：1.0km）
- 路線の全通年月日：1927（昭和2）年10月15日
- 該当区間の開通年月日：1927（昭和2）年10月15日

Profile

西武池袋線の練馬から分岐する、延長1.0kmの大都会の中の盲腸線。かつてはとしまえん遊園地へのアクセスという役割も担っていたが、遊園地は2020（令和2）年8月末をもって閉園し、跡地には新しいテーマパークが誕生した。それでも終着駅豊島園が、池袋線池袋口の通勤列車の折り返し駅として機能していることに変わりはない。

西武鉄道 狭山線（西所沢～西武球場前　3駅　4.2km）

軌間：1067㎜　動力方式：電化　直流1500V

- 路線全線の起点：西所沢　終点：西武球場前（営業距離：4.2km）
- 路線の全通年月日：1929（昭和4）年5月1日
- 該当区間の開通年月日：1929（昭和4）年5月1日

Profile

この路線は武蔵野鉄道が村山貯水池へのアクセスを図って建設した。戦時中には不要不急の路線として運行が休止となる一幕もあったが、戦後に復活。西武鉄道がプロ野球球団を所有すると、村山貯水池にも近い場所に本拠地球場が建設され、当路線は観客輸送の重責を担う路線となった。

西武鉄道 多摩川線（武蔵境～是政　6駅　8.0km）

軌間：1067㎜　動力方式：電化　直流1500V

- 路線全線の起点：武蔵境　終点：是政（営業距離：8.0km）
- 路線の全通年月日：1922（大正11）年6月20日
- 該当区間の開通年月日：1922（大正11）年6月20日

Profile

西武鉄道の他の路線からはやや離れた位置にある盲腸線。多摩鉄道の手によって建設された路線で、元々は多摩川の河川敷で採取される砂利を運搬することが主目的とされた。関東大震災によってレンガ建物が瓦解すると、新しい建材としてコンクリートが着目され、各地の鉄道が、コンクリートの材料となる砂利の運搬で活況を呈したのである。

京成電鉄 本線（京成上野～日暮里　2駅　2.1km）

軌間：1435㎜　動力方式：電化　直流1500V

- 路線全線の起点：京成上野　終点：成田空港（営業距離：69.3km）
- 路線の全通年月日：1991（平成3）年3月19日
- 該当区間の開通年月日：1933（昭和8）年12月10日

Profile

京成電鉄本線のターミナル京成上野駅付近の2駅間も盲腸線と解釈してみたい。もっとも京成上野駅も通り一つを挟んで上野駅と隣接しているから、定義は恣意的なものとなる。新しいターミナルを上野に求めた京成電鉄の、上野駅へのアプローチは難航した。建設工事は、上野公園の環境を破壊しないよう工夫が重ねられたという。

京成電鉄 金町線（京成高砂～京成金町　3駅　2.5km）

軌間：1435㎜　動力方式：電化　直流1500V

- 路線全線の起点：京成高砂　終点：京成金町（営業距離：2.5km）
- 路線の全通年月日：1899（明治32）年12月17日
- 該当区間の開通年月日：1899（明治32）年12月17日

Profile

大都会の中を走る2.5kmの路線。元々は帝釈人車軌道という人車軌道によって明治時代に開業した路線で、京成電鉄に譲渡された後、近代的な鉄道に改修され、高砂で自社線と接続したという経緯があり、京成電鉄の中では最古の路線となっている。終着駅京成金町は、JR金町駅から通りを挟んだ位置に建つ。単式ホーム1本のこぢんまりとした駅だ。

京成電鉄 千原線（千葉中央～ちはら台　6駅　10.9km）

軌間：1435㎜　動力方式：電化　直流1500V

- 路線全線の起点：千葉中央　終点：ちはら台（営業距離：10.9km）
- 路線の全通年月日：1995（平成7）年4月1日
- 該当区間の開通年月日：1995（平成7）年4月1日

Profile

第三セクター千葉急行電鉄が建設した路線で、開業6年後に京成電鉄に譲渡されたという経緯がある。元々は小湊鉄道が自社線の海士有木での接続を目指して建設免許を取得したものの、着工がなされなかったことから、第三セクター鉄道によって開業した。現在の同線はいかにも現代に建設された鉄道らしく、高規格の施設が揃えられている。

京王電鉄 京王線（北野～京王八王子　2駅　1.8km）

軌間：1372㎜　動力方式：電化　直流1500V

- 路線全線の起点：新宿　終点：京王八王子（営業距離：37.9km）
- 路線の全通年月日：1925（大正14）年3月24日
- 該当区間の開通年月日：1925（大正14）年3月24日

Profile

新宿と京王八王子を結ぶ京王線は、高尾線が分岐する北野以西が盲腸線となる。終着駅京王八王子は商業ビルの地下2階に頭端式ホーム1面2線を設置。ホームの地下化が完成したのは、1989（平成元）年4月2日と比較的近年のことで、この工事に際して、ホームが10両対応のものへと延長された。JRの八王子駅とはおよそ400m離れている。

京王電鉄 高尾線（高尾～高尾山口　2駅　1.7km）

軌間：1372㎜　動力方式：電化　直流1500V

- 路線全線の起点：北野　終点：高尾山口（営業距離：8.6km）
- 路線の全通年月日：1967（昭和42）年10月1日
- 該当区間の開通年月日：1967（昭和42）年10月1日

Profile

東京を代表するレジャースポットとなっている高尾山への足として、多くの人に利用されている。近年になって沿線の宅地化が進んだこともあって、通勤の利用者も増加した。北野から山田までは、皇室の墓地とされる武蔵陵墓地への参拝者輸送のために京王が建設した御稜線の跡地が利用された。

京王電鉄 競馬場線（東府中～府中競馬正門前　2駅　0.9km）

軌間：1372㎜　動力方式：電化　直流1500V

- 路線全線の起点：東府中　終点：府中競馬正門前（営業距離：0.9km）
- 路線の全通年月日：1955（昭和30）年4月29日
- 該当区間の開通年月日：1955（昭和30）年4月29日

Profile

府中競馬場（東京競馬場）へのアクセスを図って建設された路線。0.9kmという短い路線だが、レースの開催日には新宿発の直通臨時列車も乗り入れ、利用者が集中することを考慮して、府中競馬正門前は、10両編成対応のホームを備えるなど、駅施設は余裕のある造りとなっている。同駅は改札口と競馬場の入口が連絡通路で直結している。

京王電鉄 動物園線（高幡不動～多摩動物公園　2駅　2.0km）

軌間：1372㎜　動力方式：電化　直流1500V

- 路線全線の起点：高幡不動　終点：多摩動物公園（営業距離：2.0km）
- 路線の全通年月日：1964（昭和39）年4月29日
- 該当区間の開通年月日：1964（昭和39）年4月29日

Profile

こちらは多摩動物公園へのアクセスを図って開業した路線。同園は動物がより自然に近い環境の中で暮らせることを考えて上野動物園の分園という形で誕生した。現在は7000系の4両編成の車体に動物のイラストをあしらい、車内の中吊り広告も動物園関連のものに限定した編成として、同路線の専用編成として運用している。

東急電鉄 こどもの国線（長津田～こどもの国　3駅　3.4km）

軌間：1067㎜　動力方式：電化　直流1500V

- 路線全線の起点：長津田　終点：こどもの国（営業距離：3.4km）
- 路線の全通年月日：1967（昭和42）年4月28日
- 該当区間の開通年月日：1967（昭和42）年4月28日

Profile

1965（昭和40）年5月5日に開園した「こどもの国」へのアクセスを目的に開業。「こどもの国」は旧・陸軍の弾薬庫の跡地を再利用して作られ、当線も弾薬庫引き込み線の跡地が利用された。近年は沿線住民が増え、2000（平成12）年3月29日には恩田駅を新設。列車の運行業務（第二種鉄道事業者）は東急電鉄が担当している。

横浜高速鉄道 みなとみらい線

（横浜～元町・中華街　6駅　4.1km）

軌間：1067㎜　動力方式：電化　直流1500V

- 路線全線の起点：横浜　終点：元町・中華街（営業距離：4.1km）
- 路線の全通年月日：2004（平成16）年2月1日
- 該当区間の開通年月日：2004（平成16）年2月1日

Profile

2000年代になって新規開業した路線で、東横線横浜～桜木町間に替わる魅力的な路線となった。鉄道が元町・中華街に達するまで閑古鳥が鳴いていた元町商店街は、一夜にして賑わいを取り戻し、鉄道という交通機関のポテンシャルが証明されたのである。沿線には、馬車道、みなとみらい地区など、観光スポットがずらりと並んでいる。

京浜急行電鉄 本線（堀ノ内～浦賀　4駅　3.2km）

軌間：1435㎜　動力方式：電化　直流1500V

- 路線全線の起点：品川　終点：浦賀（営業距離：56.7km）
- 路線の全通年月日：1930（昭和5）年4月1日
- 該当区間の開通年月日：1930（昭和5）年4月1日

Profile

都心と三浦半島を結ぶ京浜急行の本線の終点は三崎口ではなく、浦賀である。三崎口に達する久里浜線に比べれば観光需要は乏しい路線だが、ここが本線という位置づけは変わっていない。久里浜線が分岐する堀ノ内から先が盲腸線。運転される列車も普通列車が中心で、のんびりした雰囲気が漂う。浦賀は造船の街として栄え、歴史遺産も数多い。

京浜急行電鉄 久里浜線（堀ノ内～三崎口　9駅　13.4km）

軌間：1435㎜　動力方式：電化　直流1500V

- 路線全線の起点：堀ノ内　終点：三崎口（営業距離：13.4km）
- 路線の全通年月日：1975（昭和50）年4月26日
- 該当区間の開通年月日：1975（昭和50）年4月26日

Profile

久里浜線は戦時中に軍用路線という色合いを濃くして建設が開始され、昭和40年代初頭に線路は三浦海岸に達し、京浜急行は、この海岸線を湘南地方に替わる新しい観光スポットとするべく、大々的なPRを展開した。油壺への延伸が掲げられていた時代もあったが、これは免許を失効。計画が見直されたのは、環境保全の見地に立ったものでもあった。

京浜急行電鉄 逗子線（金沢八景～逗子・葉山　4駅　5.9km）

軌間：1435㎜　動力方式：電化　直流1500V

- 路線全線の起点：金沢八景　終点：逗子・葉山（営業距離：5.9km）
- 路線の全通年月日：1930（昭和5）年4月1日
- 該当区間の開通年月日：1930（昭和5）年4月1日

Profile

金沢八景から分岐するおよそ6kmの路線。終着駅の逗子・葉山は2020（令和2）年3月14日に駅名をそれまでの新逗子から変更。この時には京浜急行が全線の駅を対象にして大々的な駅名変更を画策して駅名を公募したが、駅名が変更されたのは当駅を含めて6駅に留められた。

京浜急行電鉄 空港線
（京急蒲田〜羽田空港第1・第2ターミナル　7駅　6.5km）
軌間：1435㎜　動力方式：電化　直流1500V

- 路線全線の起点：京急蒲田
  終点：羽田空港第1・第2ターミナル（営業距離：6.5km）
- 路線の全通年月日：1998（平成10）年11月18日
- 該当区間の開通年月日：1998（平成10）年11月18日

Profile

羽田空港へのアクセスルートとして機能し、近年は「エアポート快特」、「エアポート急行」の頻繁運転などによって、京浜急行の主要路線に成長した感がある路線。2012（平成24）年10月21日には京急蒲田〜大鳥居間の高架化が完成し、国道15号線上にあった踏切が廃止されるなど、近代化がさらに推進されている。

京浜急行電鉄 大師線（京急川崎〜小島新田　7駅　4.5km）
軌間：1435㎜　動力方式：電化　直流1500V

- 路線全線の起点：京急川崎　終点：小島新田（営業距離：4.5km）
- 路線の全通年月日：1944（昭和19）年10月1日
- 該当区間の開通年月日：1944（昭和19）年10月1日

Profile

京浜急行の前身である大師電気鉄道が川崎（後の六郷橋）〜大師（現・川崎大師）間を開業させたのは1899（明治32）年1月21日のことで、関東では初めての電気鉄道の開業となった。これを顕彰して、川崎大師駅前には今も「京急発祥の地」と刻まれた石碑が建っている。2019（平成31）年3月3日に、東門前〜小島新田間が地下化された。

東京地下鉄 **丸ノ内分岐線**（中野坂上～方南町　4駅　3.2km）

軌間：1435㎜　動力方式：電化　直流600V

- 路線全線の起点：中野坂上　終点：方南町（営業距離：3.2km）
- 路線の全通年月日：1962年（昭和37）年3月23日
- 該当区間の開通年月日：1962年（昭和37）年3月23日

Profile

中野坂上で丸ノ内線から分岐し、方南町まで3.2kmを走る支線。かつては3両編成が線内を往復していたが、2019（平成31）年1月までに方南町駅のホーム延伸工事が行われ、6両編成の運転が可能になり、池袋方面から直通する列車も運転されている。高度成長の時代には西永福方面への延伸も計画されたというが、その後に計画の進展はない。

東京地下鉄 千代田線 **北綾瀬支線**（綾瀬～北綾瀬　2駅　2.1km）

軌間：1067㎜　動力方式：電化　直流1500V

- 路線全線の起点：綾瀬　終点：北綾瀬（営業距離：2.1km）
- 路線の全通年月日：1979（昭和54）年12月20日
- 該当区間の開通年月日：1979（昭和54）年12月20日

Profile

地元住民の要望に応える形で、千代田線綾瀬車両基地への回送線を旅客輸送に活用した路線。山陽新幹線の博多から延びる博多南線と同様の経緯と言えるだろう。この支線専用の3両編成を用いて運転されることが多かったが、現在は10両編成を使用した列車も設定されている。

小田急電鉄 江ノ島線（藤沢～片瀬江ノ島 4駅 4.5km）

軌間：1067㎜ 動力方式：電化 直流1500V

- 路線全線の起点：相模大野 終点：片瀬江ノ島（営業距離：27.6km）
- 路線の全通年月日：1929（昭和4）年4月1日
- 該当区間の開通年月日：1929（昭和4）年4月1日

Profile

小田急電鉄江ノ島線は、JR、江ノ島電鉄と接続する藤沢以南が盲腸線となっている。終着駅の片瀬江ノ島駅は竜宮城を思わせる造りで、2020（令和2）年7月に改築が行われたが、昔ながらのイメージが守られている。駅周辺はいかにも観光地らしく華やかな雰囲気が漂っている。片瀬江ノ島と江ノ島電鉄江ノ島駅は600mほど離れている。

小田急電鉄 多摩線（小田急多摩センター～唐木田 2駅 1.5km）

軌間：1067㎜ 動力方式：電化 直流1500V

- 路線全線の起点：新百合ヶ丘 終点：唐木田（営業距離：10.6km）
- 路線の全通年月日：1990（平成2）年3月27日
- 該当区間の開通年月日：1990（平成2）年3月27日

Profile

小田原線の新百合ヶ丘から分岐する多摩ニュータウンへのアクセス線。途中から京王相模原線が並行し、どこから先を盲腸線とするのかは判断が難しいが、最終区間の小田急多摩センター～唐木田間は他線が並行していない。将来はJR横浜線相模原、JR相模線上溝への延伸がアナウンスされており、計画が実現すると盲腸線が一つ消えることになる。

東京都営地下鉄 浅草線（西馬込〜五反田　5駅　4.8km）

軌間：1435㎜　動力方式：電化　直流1500V

- 路線全線の起点：西馬込　終点：押上（営業距離：18.3km）
- 路線の全通年月日：1968（昭和43）年11月15日
- 該当区間の開通年月日：1968（昭和43）年11月15日

Profile

都営地下鉄として最初に開業した路線。当初の名称は１号線で、この路線が全通したことによって、京浜急行線と京成電鉄線の線路が繋がり、相互直通運転が開始された。それは都市交通の新しい姿を示す画期的な出来事だった。盲腸線となっている西馬込〜五反田間も利用者は多い。西馬込駅には馬込車両検修場が隣接している。

東京都営地下鉄 三田線（巣鴨〜西高島平　13駅　11.9km）

軌間：1067㎜　動力方式：電化　直流1500V

- 路線全線の起点：目黒　終点：西高島平（営業距離：26.5km）
- 路線の全通年月日：2000（平成12）年9月26日
- 該当区間の開通年月日：1976（昭和51）年5月6日

Profile

巣鴨でJRと接続した三田線は、それから12㎞近い距離を他社線との接続なしに走る。もちろん、バスなどの接続はあるが、都心の鉄道では珍しい「盲腸線ぶり」であるが、それだけ、鉄道の過疎地帯に建設された路線ということになり、存在価値は大きい。元々は東武東上線との連絡を図る予定だった三田線だが、計画の見直しによって盲腸線が残った。

東京都営地下鉄 大江戸線（練馬〜光が丘　4駅　3.8km）

軌間：1435㎜　動力方式：電化　直流1500V

- 路線全線の起点：都庁前　終点：光が丘（営業距離：40.7km）
- 路線の全通年月日：2000（平成12）年12月12日
- 該当区間の開通年月日：1991（平成3）年12月10日

Profile

鉄輪式リニアモーターを採用して建設された路線。全長40.7kmは日本の地下鉄の中で最長となるものだ。練馬〜光が丘間は、大江戸線の中で最初に開業した区間で、当時はまだ都営12号線を名乗っていた。大江戸線という愛称名が決まったのは、開業から8年あまりが経過した1999（平成11）年12月15日のことである。

箱根登山鉄道 鉄道線（小田原〜強羅　11駅　15.0km）

軌間：1435㎜（一部1067mm軌間を併設）
動力方式：電化　直流1500・750V

- 路線全線の起点：小田原　終点：強羅（営業距離：15.0km）
- 路線の全通年月日：1935（昭和10）年10月1日
- 該当区間の開通年月日：1935（昭和10）年10月1日

Profile

80パーミルという急こう配で箱根の山を登る路線。途中には3か所のスイッチバックがあり、小田急の電車が乗り入れる小田原〜箱根湯本間は1500Vで電化。入生田〜箱根湯本間は1067mm軌間と1435㎜軌間が併設されたデュアルゲージとなっており、これも乗り入れ運転に対応した措置。強羅から御殿場方面への延伸が計画された時代もあったという。

伊豆箱根鉄道 大雄山線（小田原～大雄山　12駅　9.6km）

軌間：1067㎜　動力方式：電化　直流1500V

- 路線全線の起点：小田原　終点：大雄山（営業距離：9.6km）
- 路線の全通年月日：1935（昭和10）年6月16日
- 該当区間の開通年月日：1935（昭和10）年6月16日

Profile

大雄山最乗寺の参詣客輸送を目的に大雄山鉄道によって建設された路線。1941（昭和 16）年 8 月 23 日に駿豆鉄道と合併。同社は 1957（昭和 32）年 6 月 1 日に、現行の伊豆箱根鉄道へと社名変更した。現在の大雄山線は、小田原への通勤・通学の路線という性格が色濃い。日中は 12 分、または 15 分間隔での運転が行われており、利便性は高い。

箱根登山鉄道の終点強羅

COLUMN 大都会にこそ数多い盲腸線

「盲腸線」という言葉には、山奥に延びるローカル線というイメージがあるが、現代の鉄道では大都会の通勤路線にこそ、数多くの「盲腸線」がある。それは折り返しに手間がかからないという電車の特性を生かしたものであるが、当初の計画が実現しなかったことで、他の路線との接続がなされないままという事例も少なくない。現代の鉄道は、ネットワークの形成を重視して形成されるが、国や自治体の思惑、社会の情勢の変化によって鉄道に求められる役割が変わり、「盲腸線」が残される。

都営地下鉄三田線のように、他社線への乗り入れ計画が二転、三転したことで、当初の計画とはまったく異なる形で路線が敷設された例や、京浜急行久里浜線の延伸計画のように、環境保護にも配慮して建設計画が見直された例もあり、近年の路線の延伸計画は、未着工のまま建設免許が時間切れの形で失効となると、再度建設許可が申請されることは少なく、ここにも鉄道を巡る社会情勢の変化が見て取れる。阪急電鉄の甲陽線のように、わずかな距離でも鉄道が建設されたのは、他に有力な交通機関がなかったという背景もあり、自動車が普及した今日では、甲陽線のような距離の短い「盲腸線」が新たに誕生する可能性は高くない。

それでも。計画された鉄道路線がすべて建設され、それも「盲腸線」ではなく、全国にさまざまな鉄道ネットワークが完成していたら？

日本の鉄道は、もっと便利になっていたはずである。

中部地方の盲腸線

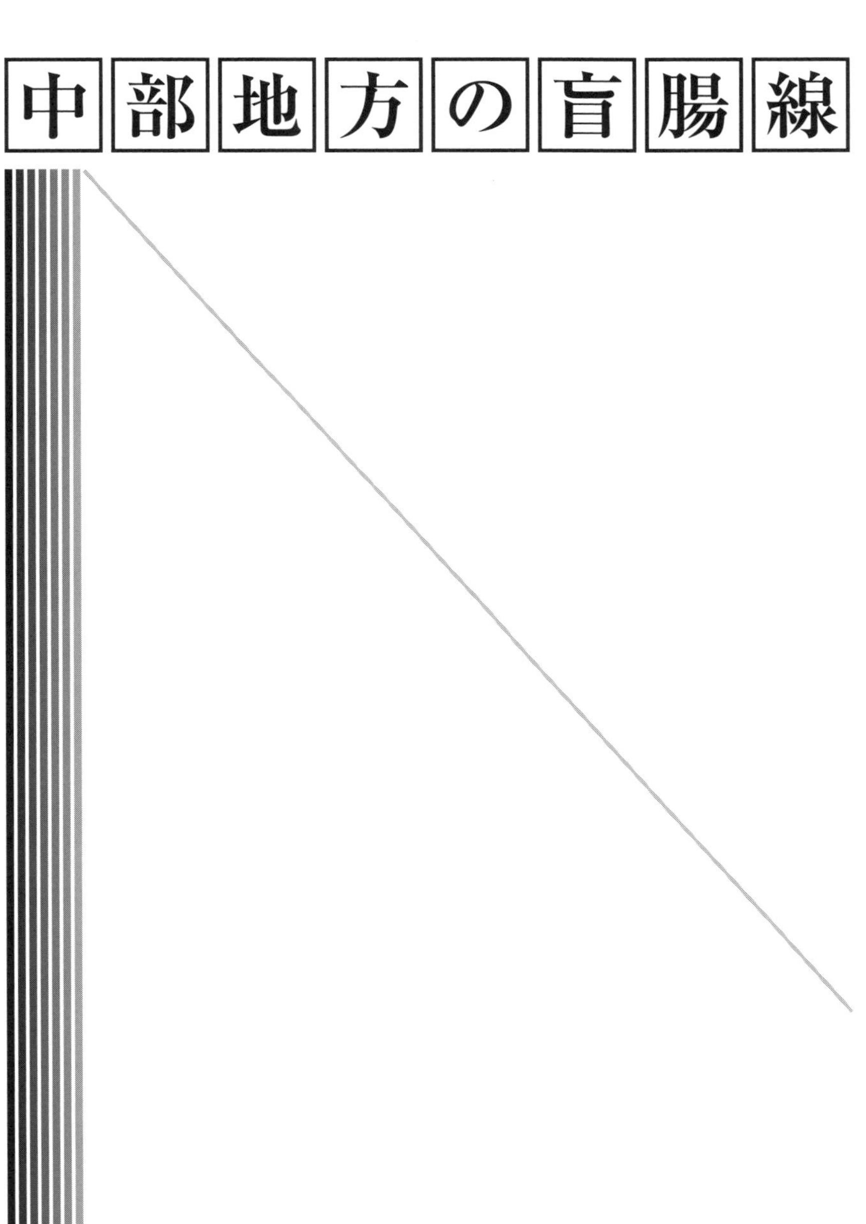

上越新幹線 支線（越後湯沢～ガーラ湯沢　2駅　1.8km）

軌間：1435㎜　動力方式：電化　交流25000V（50Hz）

- 路線全線の起点：大宮　終点：新潟（営業距離：303.6km）
- 路線の全通年月日：1982（昭和57）年11月15日
- 該当区間の開通年月日：1990（平成2）年12月20日

Profile

越後湯沢で上越新幹線から分岐し、スキー場に直結するガーラ湯沢に延びる支線。規則上は上越線の支線という扱いになっている。ガーラ湯沢駅はスキー場がオープンする冬季の間だけ開設され、改札口がスキー場の入口に直結し、首都圏からのアクセスは抜群だ。駅が開設されていない期間は、越後湯沢発着の折り返し用線路として使用されている。

弥彦線（弥彦〜吉田　3駅　4.9km）

軌間：1067㎜　動力方式：電化　直流1500V

- 路線全線の起点：弥彦　終点：東三条（営業距離：17.4km）
- 路線の全通年月日：1925（大正14）年4月10日
- 該当区間の開通年月日：1916（大正5）年10月16日

Profile

大正初期に私鉄・越後鉄道により建設され、昭和初期に国によって買収され、昭和末期になって直流電化が行われた路線。弥彦線は延長17km あまりの路線だが、弥彦から越後線と接続する吉田までが盲腸線となっている。現在はE129系を使用しての運行。最大6両編成が組成されるが、運行の主体となっているのはワンマン運転の2両編成だ。

氷見線（高岡〜氷見　8駅　16.5km）

軌間：1067㎜　動力方式：非電化（内燃車両）

- 路線全線の起点：高岡　終点：氷見（営業距離：16.5km）
- 路線の全通年月日：1912（大正元）年9月19日
- 該当区間の開通年月日：1912（大正元）年9月19日

Profile

元々は城端線などと共に、北陸本線から分岐するローカル線に数えられていたが、北陸本線の一部が第三セクター鉄道に転換に転換されたことで、高岡で城端線と接続するのみの、「JRの飛び地路線」となってしまった感がある。現在は今や少数派となりつつある「国鉄形」キハ40系を使用しての運転。雨晴海岸の車窓風景の美しさを讃える利用客は多い。

城端線（新高岡〜城端　13駅　28.1km）
軌間：1067mm　動力方式：非電化（内燃車両）

- 路線全線の起点：高岡　終点：城端（営業距離：29.9km）
- 路線の全通年月日：1898（明治31）年1月2日
- 該当区間の開通年月日：1898（明治31）年1月2日

Profile

城端線は高岡から南へ、砺波平野を徐々に山間部へと分け入ってゆくローカル線だ。車窓風景は典型的な里山で、春には名産のチューリップが咲き競うことから「フラワーライン城端線」という愛称名も用いられている。やはりキハ40系を使用して、日中は1時間に1本程度の運転。新高岡で北陸新幹線と接続し、以南が盲腸線となっている。

越美北線（越前花堂〜九頭竜湖　22駅　52.5km）
軌間：1067mm　動力方式：非電化（内燃車両）

- 路線全線の起点：越前花堂　終点：九頭竜湖（営業距離：52.5km）
- 路線の全通年月日：1972（昭和47）年12月15日
- 該当区間の開通年月日：1972（昭和47）年12月15日

Profile

北陸本線の越前花堂から分岐し、九頭竜湖まで50kmあまりを走る路線。運転されているのは普通列車のみだが、全列車が北陸本線の福井まで直通している。終着駅の九頭竜湖駅から湖まではなお5km以上の距離があり、駅周辺も森閑とした雰囲気が漂っている。長良川鉄道に転換された越美南線と結ぶ当初の計画が実現することはなかった。

東海道本線 美濃赤坂線（大垣〜美濃赤坂　3駅　5.0km）

軌間：1067㎜　動力方式：電化　直流1500V

- 路線全線の起点：大垣　終点：美濃赤坂（営業距離：5.0km）
- 路線の全通年月日：1919（大正8）年8月1日
- 該当区間の開通年月日：1919（大正8）年8月1日

Profile

大垣で東海道本線から分岐する支線。元々は沿線で産出される石灰石、大理石を運搬することを主目的に建設された路線で、開業以来今日まで、路線の延伸も、部分廃止もなく、昭和中期に電化が行われたのみで、路線延長は変わらないままで続けられている。現在はJR東海の主力車種の一つである313系を使用して、ワンマン運転が行われている。

武豊線（大府〜武豊　10駅　19.3km）

軌間：1067㎜　動力方式：電化　直流1500V

- 路線全線の起点：大府　終点：武豊（営業距離：19.3km）
- 路線の全通年月日：1886（明治19）年3月1日
- 該当区間の開通年月日：1886（明治19）年3月1日

Profile

明治初期に建設された長い歴史を持つ路線。元々は東海道線を建設するための資材運搬用として建設された路線である。今日は都市近郊の通勤路線という色合いが濃いが、当路線の亀崎駅は1886（明治19）年3月1日開業で、駅舎は現存する最古の駅舎といわれている。このほかにも、沿線にはこの路線の歴史を物語る歴史遺産が数多い。

名松線（松阪〜伊勢奥津　15駅　43.5km）

軌間：1067㎜　動力方式：非電化（内燃車両）

- 路線全線の起点：松阪　終点：伊勢奥津（営業距離：43.5km）
- 路線の全通年月日：1935（昭和10）年12月5日
- 該当区間の開通年月日：1935（昭和10）年12月5日

Profile

名張と松阪を結ぶ計画で建設が始められたことが、路線の名称に残された。国鉄の末期には廃止の対象に数えられていたが、代替を果たす道路が未整備であったことから、鉄道が残されたという経緯がある。現在はJR東海のオリジナル気動車であるキハ11形によるワンマン運転で、1日8往復程度の運転が続けられている。

上田電鉄別所線の終点別所温泉

中部地方の私鉄、第三セクター鉄道、公営交通の盲腸線

長野電鉄 長野線（長野〜湯田中　24駅　33.2km）

軌間：1067㎜　動力方式：電化　直流1500V

- 路線全線の起点：長野　終点：湯田中（営業距離：33.2km）
- 路線の全通年月日：1928（昭和3）年6月24日
- 該当区間の開通年月日：1928（昭和3）年6月24日

Profile

長野市と温泉地・湯田中を結ぶ路線。かつては複数の路線を有していた長野電鉄も、今やこの一路線のみに。かつて多数在籍した自社発注の電車も影を潜め、他社からの譲渡車が主力を占めている。それでも元・小田急ロマンスカーや、元・「成田エクスプレス」の車両が運転されているところに、観光色も備えたこの路線の特徴を見て取れる。

上田電鉄 別所線（上田～別所温泉　15駅　11.6km）

軌間：1067mm　動力方式：電化　直流1500V

- 路線全線の起点：上田　終点：別所温泉（営業距離：11.6km）
- 路線の全通年月日：1924（大正13）年8月15日
- 該当区間の開通年月日：1924（大正13）年8月15日

Profile

この鉄道も上田市を中心に多方面に路線を延ばしていたが、今や温泉地に向かう一路線のみに。旧型電車の宝庫だった時代は遠い昔となり、元・東急のステンレスカーが主力となっている。それでもところどころに残る古い駅舎や、昔ながらの楕円形の戸袋窓をしつらえた電車の姿に、この路線の長い伝統へのリスペクトが感じられるのが嬉しい。

アルピコ交通 上高地線（松本～新島々　14駅　14.4km）

軌間：1067mm　動力方式：電化　直流1500V

- 路線全線の起点：松本　終点：新島々（営業距離：14.4km）
- 路線の全通年月日：1922（大正11）年9月26日
- 該当区間の開通年月日：1922（大正11）年9月26日

Profile

2011（平成23）年4月1日に、それまでの松本電鉄から社名を変更。路線名の上高地線は変わりない。その名の通り上高地へのアクセスに機能し、夏の登山シーズンには、JRの夜行列車に接続する早朝運転の臨時便も多数設定されていたが、それも昔語りになりつつある。解体された旧・島々駅の駅舎は、波田観光案内所で再現された。

万葉線 新湊港線（六渡寺～越ノ潟　8駅　4.9km）
軌間：1067mm　動力方式：電化　直流600V

● 路線全線の起点：高岡駅　終点：腰ノ潟（営業距離：12.9km）
● 路線の全通年月日：1951（昭和26）年4月1日
● 該当区間の開通年月日：1951（昭和26）年4月1日

Profile

高岡と越ノ潟を１本で結ぶ路線だが、高岡～六渡寺間は軌道法に準拠して運行されている。遠い昔には富山地方鉄道射水線として、新富山と新湊を結んでいたが、富山新港の開削によって線路は分断されてしまった。路面電車と同様の小型電車での運転が続けられてきたが、近年は斬新なスタイリングの低床車が導入されている。

黒部峡谷鉄道 本線（宇奈月～欅平　10駅　20.1km）
軌間：762mm　動力方式：電化　直流600V

● 路線全線の起点：宇奈月　終点：欅平（営業距離：20.1km）
● 路線の全通年月日：1953（昭和28）年11月16日
● 該当区間の開通年月日：1953（昭和28）年11月16日

Profile

関西電力がダムの建設、維持管理のために建設し、登山者の強い要望に応える形で旅客営業が開始された路線。欅平までの開通は1937（昭和12）年6月30日のことであったが、正式に旅客営業を開始したのは、1953（昭和28）年11月のことである。日本では数少ない762mm軌間の路線。夏には観光客を運ぶ列車が多数運転されている。

富山地方鉄道 立山線（岩峅寺～立山 6駅 11.8km）

軌間：1067㎜ 動力方式：電化 直流1500V

- 路線全線の起点：寺田 終点：立山（営業距離：24.2km）
- 路線の全通年月日：1955（昭和30）年7月1日
- 該当区間の開通年月日：1955（昭和30）年7月1日

Profile

富山市に路線網を形成している富山地方鉄道の盲腸線。休日には線内ノンストップの「アルペン特急」を運転。終着の立山駅は長野県の信濃大町との間を結ぶ「立山黒部アルペンルート」のルート上にあり、立山ケーブルカーが接続する。また、同駅の裏手には立山砂防軌道の千寿ケ原連絡所がある。この路線は砂防工事に使用される610㎜軌間の鉄道だ。

富山地方鉄道 富山港線（奥田中学校前～岩瀬浜 11駅 6.5km）

軌間：1067㎜ 動力方式：電化 直流600V

- 路線全線の起点：富山駅 終点：岩瀬浜（営業距離：7.7km）
- 路線の全通年月日：1927（昭和2）年12月15日
- 該当区間の開通年月日：1924（大正13）年7月23日

Profile

かつてはJR富山港線として運行されていた路線を受け継ぎ、路線の延伸も行って「富山ライトレール」として運転されていた路線。2020（令和2）年2月22日の合併によって、今は富山地方鉄道の路線となった。廃止となったJRのローカル線に軽量の低床車両を頻繁運転して再生に成功した。奥田中学校前以南は軌道法に準拠して運行されている。

のと鉄道 七尾線（七尾〜穴水　8駅　33.1km）

軌間：1067㎜　動力方式：非電化（内燃車両）

- 路線全線の起点：七尾　終点：穴水（営業距離：33.1km）
- 路線の全通年月日：1932（昭和7）年8月27日
- 該当区間の開通年月日：1932（昭和7）年8月27日
- 第三セクター鉄道への転換日：1991（平成3）年9月1日

Profile

昭和初期に国鉄七尾線として開業した路線。国鉄の再建計画に則る形でJR発足後の1990年代初頭に第三セクター鉄道に転換された。かつては穴水から蛸島までを結ぶ延長61.0㎞の能登線も保有し、こちらはJR能登線を転換したものであったが、2005（平成17）年4月1日に廃止となっている。

北陸鉄道 石川線（新西金沢〜鶴来　15駅　11.7km）

軌間：1067㎜　動力方式：電化　直流600V

- 路線全線の起点：野町　終点：鶴来（営業距離：13.8km）
- 路線の全通年月日：1927（昭和2）年12月28日
- 該当区間の開通年月日：1915（大正4）年6月22日

Profile

今は全長13.8kmとなった石川線の新西金沢以北が盲腸線となっている。かつては鶴来から先に加賀一の宮まで、そこからは同社の金名線に接続して、線路は白山下まで延びていたが、鉄道はどんどん短くなってしまった。金名線の路線名の由来は、金沢と名古屋を結ぶことにあったという。当初の計画はスケールの大きなものであったのだ。

北陸鉄道 浅野川線（北鉄金沢～内灘　12駅　6.8km）

軌間：1067㎜　動力方式：電化　直流1500V

- 路線全線の起点：北鉄金沢　終点：内灘（営業距離：6.8km）
- 路線の全通年月日：1929（昭和4）年7月14日
- 該当区間の開通年月日：1929（昭和4）年7月14日

Profile

こちらは全長7km足らずの短い盲腸線。北鉄金沢駅は、ＪＲ金沢駅前の広場を挟んだ反対側にあり、乗り換えは容易である。終着駅のある内灘町は古くから漁業の町として栄えてきた場所で、近年は金沢のベッドタウンという性格も強くなっている。現在は、元・京王3000系と、元・東京メトロ03系が走っている路線だ。

福井鉄道 福武線支線（福井城址大名町～福井　2駅　0.6km）

軌間：1067㎜　動力方式：電化　直流600V

- 路線全線の起点：福井城址大名町　終点：福井（営業距離：0.6km）
- 路線の全通年月日：2016（平成28）年3月27日
- 該当区間の開通年月日：2016（平成28）年3月27日

Profile

全長20kmあまりの福武線の0.6kmの支線。この区間は軌道法によって運行されている路線ではあるが、万葉線、富山港線などと同様に、運転系統は鉄道線と一体化されている。現在の終点はJR福井駅の駅前に設置。2016（平成28）年3月27日に143ｍの延伸が行われ、現在地となった。わずかな距離の延伸であったが、利用者は確実に増加したという。

伊豆箱根鉄道 駿豆線（三島～修善寺 13駅　19.8km）

軌間：1067㎜　動力方式：電化　直流1500V

- 路線全線の起点：三島　終点：修善寺（営業距離：19.8km）
- 路線の全通年月日：1934（昭和9）年12月1日
- 該当区間の開通年月日：1934（昭和9）年12月1日

Profile

伊豆半島中心部にある温泉地と、国鉄の路線を結ぶために建設された路線。当初の計画では沼津を起点とすることが考えられていたが、三島からの請願もあって起点が変更された。観光色の強い路線で、昭和初期から東京発の国鉄の列車が乗り入れを行い、今も特急「踊り子」が乗り入れ。沿線とのコラボによるイベント列車も数多く運転されている。

富士山麓電気鉄道 富士急行線（大月～河口湖　18駅　26.6㎞）

軌間：1067㎜　動力方式：電化　直流1500V

- 路線全線の起点：大月　終点：河口湖（営業距離：26.6km）
- 路線の全通年月日：1950（昭和25）年8月24日
- 該当区間の開通年月日：1950（昭和25）年8月24日

Profile

大月でＪＲと接続し、河口湖までを走る。途中の富士山駅でスイッチバックを行い、同駅以南は「大月線」、以北が「河口湖線」というのが正式な路線名。2022（令和4）年4月1日の分社化によって、鉄道事業がそれまでの富士急行から受け継がれた。現有車両は、元・JR205系、元・小田急20000形、元・京王5000系などバラエティ豊かだ。

伊豆急行　伊豆急行線（伊東～伊豆急下田　16駅　45.7㎞）
軌間：1067㎜　動力方式：電化　直流1500V

- 路線全線の起点：伊東　終点：伊豆急下田（営業距離：45.7km）
- 路線の全通年月日：1961（昭和36）年12月10日
- 該当区間の開通年月日：1961（昭和36）年12月10日

Profile

伊豆半島の東海岸に沿って走る。山がちの伊豆半島への新しい鉄道の建設は、住民の悲願でもあり、伊豆急行の開通は、伊豆の交通を一変させた。当初から東京発の列車の直通を念頭にして路線が設計され、駅、線路などの施設が高い規格で作られていることが特徴。運転される車両も、観光客の利用を意識した華やかな雰囲気に仕立てられている。

岳南電車　岳南鉄道線（吉原～岳南江尾　10駅　9.2㎞）
軌間：1067㎜　動力方式：電化　直流1500V

- 路線全線の起点：吉原　終点：岳南江尾（営業距離：9.2km）
- 路線の全通年月日：1953（昭和28）年1月20日
- 該当区間の開通年月日：1953（昭和28）年1月20日

Profile

東海道本線の吉原から分岐する路線。元々は沿線に数多い製紙工場の製品輸送を念頭にして敷設された路線で、貨物列車が多数運転され、その必要から電気機関車を数多く保有する路線だったが、近年の産業構造の変化、輸送形態の変化によって、貨物営業は終了した。現在の旅客輸送は、元・京王の３形式の電車によって賄われている。

静岡鉄道 静岡清水線（新静岡～新清水　15駅　11.0㎞）

軌間：1067㎜　動力方式：電化　直流600V

- 路線全線の起点：新静岡　終点：新清水（営業距離：11.0km）
- 路線の全通年月日：1908（明治41）年12月9日
- 該当区間の開通年月日：1908（明治41）年12月9日

Profile

静岡市の近郊に路線を延ばす通勤・通学輸送を本分とする路線。かつては静岡市内などに軌道線、軽便線を保有していた静岡鉄道だが、現在は１路線のみの保有となってしまった。現在は18ｍ級の電車２両編成での頻繁運転を行い、高い利用率を堅持し、都市近郊における鉄道輸送の成功例として、十分な実績を示している。

大井川鐵道 井川線（千頭～井川　14駅　25.5㎞）

軌間：1067㎜　動力方式：非電化（一部電化　直流1500V）

- 路線全線の起点：千頭　終点：井川（営業距離：25.5km）
- 路線の全通年月日：1954（昭和29）年４月１日
- 該当区間の開通年月日：1954（昭和29）年４月１日

Profile

千頭を起点に北へ延び、井川までを走る。元々は中部電力が資材運搬のために建設した路線で、中部電力が路線を所有し、運行管理を大井川鐵道が行っている。長島ダムの建設に伴い、1990（平成２）年10月２日にアプトいちしろ～長島ダム間にアプト式鉄道が誕生。この区間は直流電化され、電気機関車が使用されている。

遠州鉄道 鉄道線（新浜松〜西鹿島　18駅　17.8㎞）

軌間：1067㎜　動力方式：電化　直流750V

- 路線全線の起点：新浜松　終点：西鹿島（営業距離：17.8km）
- 路線の全通年月日：1923（大正12）年4月1日
- 該当区間の開通年月日：1923（大正12）年4月1日

Profile

浜松市を起点に天竜浜名湖鉄道と接続する西鹿島まで延びる路線。新浜松駅はJR浜松駅と徒歩5分の距離があり、独立して建つ別の駅と捉えて、盲腸線にカウントしてみた。もちろん都市近郊の鉄道として車両、施設は近代化されており、都会的な雰囲気は大都市圏の私鉄と変わりない。車両の赤い塗装から、「赤電」の名でも親しまれている路線だ。

豊橋鉄道 渥美線（新豊橋〜三河田原　16駅　18.0km）

軌間：1067㎜　動力方式：電化　直流1500V

- 路線全線の起点：新豊橋　終点：三河田原（営業距離：18.0km）
- 路線の全通年月日：1927（昭和2）年10月1日
- 該当区間の開通年月日：1927（昭和2）年10月1日

Profile

新豊橋を起点とする私鉄線。新豊橋駅はＪＲ豊橋駅に隣接。徒歩数分の距離である。他方の終着駅である三河田原は他の鉄道との接続、隣接はない。地域性もあって、名古屋鉄道の旧型車両が数多く在籍してきた路線だったが、現在は元・東急の7200系を3両編成に組成して運転。軽量のステンレス車は、地方鉄道でも重宝する存在であるようだ。

名古屋臨海高速鉄道 西名古屋港線
（名古屋～金城ふ頭　11駅　15.2km）
軌間：1067㎜　動力方式：電化　直流1500V

- 路線全線の起点：名古屋　終点：金城ふ頭（営業距離：15.2km）
- 路線の全通年月日：2004（平成16）年10月6日
- 該当区間の開通年月日：2004（平成16）年10月6日

Profile

リニア鉄道館の最寄り駅である金城ふ頭に延びる路線。「あおなみ線」の愛称名で親しまれている。東海道本線の貨物支線として1950（昭和25）年6月1日に開業した路線を活かし、鉄道過疎地帯に新しい旅客鉄道を構築した。全線をワンマン運転の普通列車が往復。名古屋市営地下鉄との直通運転計画も掲げられていたが、具体的な進展はない。

名古屋鉄道 空港線（常滑～中部国際空港　3駅　4.2km）
軌間：1067㎜　動力方式：電化　直流1500V

- 路線全線の起点：常滑　終点：中部国際空港（営業距離：4.2km）
- 路線の全通年月日：2005（平成17）年1月29日
- 該当区間の開通年月日：2005（平成17）年1月29日

Profile

中部国際空港へのアクセスを図り、既存の名鉄常滑線を延伸する形で建設された。空港利用者の便宜を図り、全車特別車の「ミュースカイ」と、特急列車をそれぞれ毎時2本運転している。ほかに普通列車と準急列車の運転もあり、利便性は高い。終点の中部国際空港駅は海上にあることから、ガラス壁でホームを囲み、乗客を強風から守っている。

名古屋鉄道　三河線（猿投～梅坪　4駅　4.2km）

軌間：1067㎜　動力方式：電化　直流1500V

- 路線全線の起点：猿投　終点：碧南（営業距離：39.8km）
- 路線の全通年月日：1928（昭和3）年11月22日
- 該当区間の開通年月日：1924（大正13）年10月31日

Profile

名古屋鉄道三河線の北側、俗に「山線」とも呼ばれる区間は豊田線が分岐する梅坪以北が盲腸線となる。かつては現在の終着駅猿投からさらに先へ、西中金まで三河線の線路が延びていたが、猿投～西中金間は2004（平成16）年4月1日に廃止となった。この区間では電化区間にレールバスを運転して注目されたが、成果を導き出すには至らなかった。

名古屋鉄道　三河線（刈谷～碧南　10駅　14.6km）

軌間：1067㎜　動力方式：電化　直流1500V

- 路線全線の起点：猿投　終点：碧南（営業距離：39.8km）
- 路線の全通年月日：1928（昭和3）年11月22日
- 該当区間の開通年月日：1914（大正3）年2月5日

Profile

三河線は知立以南の「海線」も、ＪＲと接続する刈谷以南が盲腸線となっている。現在の終着駅碧南からは、やはり三河線の線路が吉良吉田まで延びていたが、碧南～吉良吉田間は、「山線」の部分廃止と同日の2004（平成16）年4月1日に廃止となっている。かつては東海地区にさまざまな路線を有していた名古屋鉄道も、ずいぶんとスリム化されている。

名古屋鉄道 築港線（大江～東名古屋港　2駅　1.5km）

軌間：1067㎜　動力方式：電化　直流1500V

- 路線全線の起点：大江　終点：東名古屋港（営業距離：1.5km）
- 路線の全通年月日：1924（大正13）年1月15日
- 該当区間の開通年月日：1924（大正13）年1月15日

Profile

名古屋鉄道常滑線の大江から分岐する延長1.5kmの路線。沿線の工場への通勤路線であると同時に、東名古屋港駅で名古屋臨海鉄道と線路が繋がり、同社がＪＲ東海道本線と線路が繋がっていることから、鉄道車両の搬送や資材の搬送に使用されるという重責を担っている。日中の閑散時には列車の運転がない、明確な性格を有した路線だ。

名古屋鉄道 河和線（富貴～河和　3駅　6.5km）

軌間：1067㎜　動力方式：電化　直流1500V

- 路線全線の起点：太田川　終点：河和（営業距離：28.8km）
- 路線の全通年月日：1935（昭和10）年8月1日
- 該当区間の開通年月日：1935（昭和10）年8月1日

Profile

太田川と河和を結ぶ名古屋鉄道河和線は、富貴で知多新線を分け、その先6.5kmが他の鉄道との接続のない盲腸線となっている。とはいえ、沿線は宅地化が進み、地方ローカル線のようなのどかな雰囲気はなく、あくまでも都市近郊の通勤路線という色合いが濃い。半田から武豊まではJR武豊線が並行。利用客に選択肢を与えている。

名古屋鉄道 知多新線（富貴〜内海　6駅　13.9km）

軌間：1067㎜　動力方式：電化　直流1500V

- 路線全線の起点：富貴　終点：内海（営業距離：13.9km）
- 路線の全通年月日：1980（昭和55）年6月5日
- 該当区間の開通年月日：1980（昭和55）年6月5日

Profile

1980（昭和55）年に全通した比較的歴史の浅い路線。建設計画が立案された時代には、観光輸送が主眼と捉えられていたが、その後の情勢の変化も踏まえ、沿線の宅地開発が重視されるようになり、ルートには宅地化に適した内陸部が選ばれた。開業当初は海水浴客の利用もあったが、近年はこれも減り、宅地優先のルート設定が功を奏した形となった。

名古屋鉄道 瀬戸線（栄町〜大曽根　6駅　4.6km）

軌間：1067㎜　動力方式：電化　直流1500V

- 路線全線の起点：栄町　終点：尾張瀬戸（営業距離：20.6km）
- 路線の全通年月日：1978（昭和53）年8月20日
- 該当区間の開通年月日：1978（昭和53）年8月20日

Profile

名古屋鉄道の他の路線からは独立した形の路線で、形態としてはＪＲなどと接続する大曽根駅の北と南でそれぞれ盲腸線の形となっている。路線は瀬戸自動鉄道の手によって建設が進められた路線で、明治時代には電化が行われている。1939（昭和14）年9月1日に名古屋鉄道と合併。1978（昭和53）年に栄町への地下新線が開通した。

名古屋鉄道 瀬戸線（大曽根～尾張瀬戸　15駅　16.0km）

軌間：1067㎜　動力方式：電化　直流1500V

- 路線全線の起点：栄町　終点：尾張瀬戸（営業距離：20.6km）
- 路線の全通年月日：1978（昭和53）年8月20日
- 該当区間の開通年月日：1905（明治38）年4月2日

Profile

名古屋鉄道瀬戸線の北側区間。瀬戸線の開業は明治末期のことと古く、早い時代から名産品である瀬戸物などの輸送需要が旺盛であったことが窺える。当初は線路が名古屋城の外堀に沿って敷設されたことから「お濠電車」の愛称があり、他路線と異なる独特の運行形態が採られていたが、昭和後期以降の改修によって、近代的な姿へと変身した。

名古屋鉄道 広見線（新可児～御嵩　5駅　7.4km）

軌間：1067㎜　動力方式：電化　直流1500V

- 路線全線の起点：犬山　終点：御嵩（営業距離：22.3km）
- 路線の全通年月日：1952（昭和27）年4月1日
- 該当区間の開通年月日：1952（昭和27）年4月1日

Profile

犬山と御嵩を結ぶ広見線。途中の新可児ではJR太多線と接続。太多線の駅の名は可児だが、駅は隣接している。かつては名古屋方面から優等列車の直通運転もあった広見線だが、現在は運転系統が整理され、新可児～御嵩間ではすべての列車がこの2つの駅間を往復。朝ラッシュ時以外はワンマン運転によって、2両編成の電車が走っている。

名古屋鉄道 尾西線（名鉄一宮～玉ノ井　5駅　5.6km）

軌間：1067㎜　動力方式：電化　直流1500V

- 路線全線の起点：弥富　終点：玉ノ井（営業距離：30.9km）
- 路線の全通年月日：1914（大正3）年8月4日
- 該当区間の開通年月日：1918（大正7）年5月11日

Profile

弥富と玉ノ井を結ぶ名古屋鉄道尾西線は、名鉄一宮以北が盲腸線となる。かつては玉ノ井から先、木曽川橋駅まで尾西線の線路が続いていたが、玉ノ井～木曽川橋間は1959（昭和34）年11月25日に廃止となっている。現在はこの盲腸線区間を走る列車は、すべて線内で折り返し運転を行っており、他線への直通はない。

名古屋市営地下鉄 東山線（高畑～八田　2駅　0.9km）

軌間：1435㎜　動力方式：電化　直流600V

- 路線全線の起点：高畑　終点：藤が丘（営業距離：20.6km）
- 路線の全通年月日：1982（昭和57）年9月21日
- 該当区間の開通年月日：1982（昭和57）年9月21日

Profile

名古屋市営地下鉄で最初に開業したのが東山線で、そのうちの名古屋～栄町（現・栄）間が、1957（昭和32）年11月15日に開業した。以後、東山線は徐々に路線を延ばし、最終延伸が行われたのが1982（昭和57）年9月21日。この時に開通したのが高畑～中村公園間で、すなわち東山線の盲腸線が含まれる区間である。

名古屋市営地下鉄 名港線（金山～名古屋港　7駅　6.0km）

軌間：1435㎜　動力方式：電化　直流600V

- 路線全線の起点：金山　終点：名古屋港（営業距離：6.0km）
- 路線の全通年月日：1971（昭和46）年3月29日
- 該当区間の開通年月日：1971（昭和46）年3月29日

Profile

金山と名古屋港を結ぶ延長6.0kmの路線。実際には列車は名城線に乗り入れる形で大曽根まで走り、名古屋市の交通の拠点である金山と大曽根に直通できる利便線の高い路線となっている。終着駅の名古屋港駅は、名古屋港ガーデンふ頭内に設置されており、港湾施設への通勤輸送、ふ頭内にある観光施設への観光客輸送という二つの役割を担っている。

名古屋市営地下鉄 桜通線（太閤通～名古屋　2駅　0.9km）

軌間：1067㎜　動力方式：電化　直流1500V

- 路線全線の起点：太閤通　終点：徳重（営業距離：19.1 km）
- 路線の全通年月日：2011（平成23）年3月27日
- 該当区間の開通年月日：1989（平成元）年9月10日

Profile

名古屋市営地下鉄6号線として建設された桜通線は、両端の区間が盲腸線となっている。西側は1区間2駅のみ。終着駅の太閤通駅は、1989（平成元）年9月10日に「中村区役所」の名で開業。2023（令和5）年1月4日に現在の駅名へ変更されている。駅名の変更は区役所の移転に伴うもので、新しい名称は有識者の懇談会などを経て決定された。

名古屋市営地下鉄 桜通線（新瑞橋～徳重　8駅　7.3km）

軌間：1067㎜　動力方式：電化　直流1500V

- 路線全線の起点：太閤通　終点：徳重（営業距離：19.1km）
- 路線の全通年月日：2011（平成23）年3月27日
- 該当区間の開通年月日：2011（平成23）年3月27日

Profile

桜通線の東側では7㎞あまりの区間が盲腸線となっている。桜通線としては最終延伸区間となっており、駅の周囲には商業地帯、住宅地が広がっている。桜通線は主に近年になって人口が急増した名古屋市東側の鉄道過疎地帯に鉄道を通すことを目的に建設が計画され、いかにも近年開通の地下鉄らしく、地下の深い場所を走っていることが特徴だ。

近畿日本鉄道 湯の山線（近鉄四日市～湯の山温泉　10駅　15.4km）

軌間：1435㎜　動力方式：電化　直流1500V

- 路線全線の起点：近鉄四日市 終点：湯の山温泉（営業距離：15.4km）
- 路線の全通年月日：1913（大正2）年6月1日
- 該当区間の開通年月日：1913（大正2）年6月1日

Profile

近畿日本鉄道名古屋線から分岐し、湯の山温泉までを走る。大正初期に四日市鉄道の762mm軌間の鉄道として開業。三重鉄道、三重交通の時代を経て、1964（昭和39）年3月1日に架線電圧の1500Vへの昇圧、1435mm軌間への改軌を行い、1965（昭和40）年4月1日に近畿日本鉄道と合併した。名古屋線、大阪線からの定期特急が直通運転された時代もあった。

近畿日本鉄道 鈴鹿線（伊勢若松～平田町　5駅　8.2km）

軌間：1435㎜　動力方式：電化　直流1500V

- 路線全線の起点：伊勢若松　終点：平田町（営業距離：8.2km）
- 路線の全通年月日：1963（昭和38）年4月8日
- 該当区間の開通年月日：1963（昭和38）年4月8日

Profile

鈴鹿市神戸町を目指して伊勢鉄道が建設。合併によって近畿日本鉄道の傘下になった後、1959（昭和 34）年 11 月 23 日に 1435㎜軌間に改軌されている。ワンマン運転で線内折り返しの列車が運転されているが、鈴鹿サーキットでのイベント開催時には、平田町がアクセスルートの一つとなることから、大変な混雑をみせる。

近畿日本鉄道 志摩線（鳥羽～賢島　16駅　24.5km）

軌間：1435㎜　動力方式：電化　直流1500V

- 路線全線の起点：鳥羽　終点：賢島（営業距離：24.5km）
- 路線の全通年月日：1929（昭和4）年7月23日
- 該当区間の開通年月日：1929（昭和4）年7月23日

Profile

近畿日本鉄道を代表する観光路線。建設を手掛けたのは志摩電気鉄道であったが、計 6 社が合併して三重交通が成立し、三重交通は 1965（昭和 40）年 4 月 1 日に近畿日本鉄道と合併した。1970（昭和 45）年 4 月 1 日に 1435㎜軌間への改軌と、架線電圧の 1500V への昇圧を実現し、一気に輸送力を向上させている。

三岐鉄道 三岐線（近鉄富田～西藤原　15駅　26.5km）
軌間：1067㎜　動力方式：電化　直流1500V

- 路線全線の起点：近鉄富田　終点：西藤原（営業距離：26.5km）
- 路線の全通年月日：1970（昭和45）年6月25日
- 該当区間の開通年月日：1970（昭和45）年6月25日

Profile

現在は2路線を有する三岐鉄道の路線のひとつ。現在、JR以外の路線でセメント輸送を行っている唯一の鉄道線である。現在の旅客列車はすべて近鉄富田駅に発着し、富田駅に延びる旧来の路線は、現在は貨物専用線となっている。路線が開業したのは昭和初期のことで、1931（昭和6）年7月23日に富田～東藤原間が開業している。

三岐鉄道 北勢線（西桑名～阿下喜　13駅　20.4km）
軌間：762㎜　動力方式：電化　直流750V

- 路線全線の起点：西桑名　終点：阿下喜（営業距離：20.4km）
- 路線の全通年月日：1916（大正5）年8月16日
- 該当区間の開通年月日：1916（大正5）年8月16日

Profile

762㎜軌間によって旅客営業を行っている路線。北勢鉄道の路線として1914（大正3）年4月5日に開業。以後、三重交通、近畿日本鉄道などの路線として運行された後、2003（平成15）年4月1日からは三岐鉄道北勢線としての運行が続けられている。経営母体が変わった後も、駅施設の改良などが随時続けられており、利便性は損なわれていない。

四日市あすなろう鉄道 内部線（日永〜内部　6駅　3.9km）

軌間：762㎜　動力方式：電化　直流750V

- 路線全線の起点：あすなろう四日市　終点：内部（営業距離：5.7km）
- 路線の全通年月日：1922（大正11）年6月21日
- 該当区間の開通年月日：1922（大正11）年6月21日

Profile

三重県に残された数少ない762㎜軌間の路線。三重軌道の路線として開業し、三重交通、近畿日本鉄道の時代を経て、2015（平成27）年4月1日からは近畿日本鉄道の子会社として設立された四日市あすなろう鉄道の路線となった。路線途中の分岐駅、日永から先のおよそ4kmの区間が盲腸線となっている。

四日市あすなろう鉄道 八王子線

（日永〜西日野　2駅　1.3km）

軌間：762㎜　動力方式：電化　直流750V

- 路線全線の起点：日永　終点：西日野（営業距離：1.3km）
- 路線の全通年月日：1912（大正元）年8月14日
- 該当区間の開通年月日：1912（大正元）年8月14日

Profile

内部線と同じ四日市あすなろう鉄道のもう一つの路線。日永で内部線から分岐する1.3kmの路線が八王子線を名乗り、これは三重軌道時代からのスタイルが継承されている。この支線は1976（昭和51）年3月末まで西日野からさらに先の伊勢八王子まで路線が延びており、その時代からの路線名が継承されている。

中部

養老鉄道 養老線（大垣～揖斐　10駅　14.5km）

軌間：1067㎜　動力方式：電化　直流1500V

- 路線全線の起点：桑名　終点：揖斐（営業距離：57.5km）
- 路線の全通年月日：1919（大正8）年4月27日
- 該当区間の開通年月日：1919（大正8）年4月27日

Profile

桑名と揖斐を結ぶ57km超の路線のうち、北の端14.5kmが盲腸線となっている。養老鉄道として開業した後、養老電気鉄道、伊勢鉄道の時代を経て、近年まで近畿日本鉄道傘下にあったが、2007（平成19）年10月1日からは子会社として設立された養老鉄道の路線となっている。現在の使用車両は近鉄の旧型車と、東急の旧型車となっている。

樽見鉄道 樽見線（大垣～樽見　19駅　34.5km）

軌間：1067㎜　動力方式：非電化（内燃車両）

- 路線全線の起点：大垣　終点：樽見（営業距離：34.5km）
- 路線の全通年月日：1989（平成元）年3月25日
- 該当区間の開通年月日：1989（平成元）年3月25日
- 第三セクター鉄道への転換日：1984（昭和59）年10月6日

Profile

1956（昭和31）年3月20日に国鉄樽見線として開業。当初の終着駅は谷汲口で、路線は1958（昭和33）年4月29日に美濃神海まで延伸された。当初の計画では金沢方面に延伸される予定だったが、この計画は実現しないまま、1984（昭和59）年10月に国鉄樽見線が廃止されて第三セクター鉄道に転換され、その後樽見までの全通をみた。

明知鉄道 明知線（恵那～明智　11駅　25.1km）

軌間：1067㎜　動力方式：非電化（内燃車両）

- 路線全線の起点：恵那　終点：明智（営業距離：25.1km）
- 路線の全通年月日：1934（昭和9）年6月24日
- 該当区間の開通年月日：1934（昭和9）年6月24日
- 第三セクター鉄道への転換日：1985（昭和60）年11月16日

Profile

1933（昭和8）年5月24日に国鉄明知線として開業。翌年6月24日に明智までの全通を果たした。当初の建設計画に掲げられていた静岡県方面への路線延伸は実現せず、国鉄線としての廃止を受けて第三セクター鉄道に転換。リスタートを果たした後は、「きのこ列車」の運転などによって、中京圏からの手ごろな観光スポットとして親しまれている。

長良川鉄道 越美南線（美濃太田～北濃　38駅　72.1km）

軌間：1067㎜　動力方式：非電化（内燃車両）

- 路線全線の起点：美濃太田　終点：北濃（営業距離：72.1km）
- 路線の全通年月日：1934（昭和9）年8月16日
- 該当区間の開通年月日：1934（昭和9）年8月16日
- 第三セクター鉄道への転換日：1986（昭和61）年12月11日

Profile

こちらは廃止となった国鉄越美南線を受け継いで第三セクター鉄道となった路線。当初の計画では越美北線と結ぶ予定であったが、やはりこの計画が実現することはなく、山の中に延びる盲腸線だけが残った。第三セクター鉄道化後も、路線名は昔と変わらない越美南線がそのまま使用されており、歴史を振り返る一助となっている。

えちぜん鉄道 勝山永平寺線

（福井口～勝山　21駅　26.3km）

軌間：1067㎜　動力方式：電化　直流600V

- 路線全線の起点：福井　終点：勝山（営業距離：27.8km）
- 路線の全通年月日：1929（昭和4）年9月21日
- 該当区間の開通年月日：1914（大正3）年3月11日
- 第三セクター鉄道への転換日：2003（平成15）年2月1日

Profile

えちぜん鉄道は、かつて福井県下で鉄道事業を営んでいた京福電気鉄道の路線を受け継ぐために設立された第三セクター鉄道で、現在は勝山永平寺線と、三国芦原線を運営する。全長27.8㎞の勝山永平寺線のうち、福井口で三国芦原線を分岐させた先が盲腸線の形態。女性アテンダントの乗車によるサービスの拡充が大きな話題となった。

えちぜん鉄道 三国芦原線

（福井口～三国港　23駅　25.2km）

軌間：1067㎜　動力方式：電化　直流600V

- 路線全線の起点：福井口　終点：三国港（営業距離：25.2km）
- 路線の全通年月日：1932（昭和7）年5月28日
- 該当区間の開通年月日：1932（昭和7）年5月28日

Profile

三国芦原線は福井口を起点に日本海に面した三国港までを走る。三国芦原線の列車にも、勝山永平寺線の列車と同様に、日中の列車にアテンダントが乗車。ドア操作などの運転車掌の業務は行わず、乗客のサポートなどを行い、特に高齢の利用者からの好評を得ている。あらゆる業種が合理化、人員の削減を目指す社会に、一石を投じてみせたのである。

中部

近畿地方の盲腸線

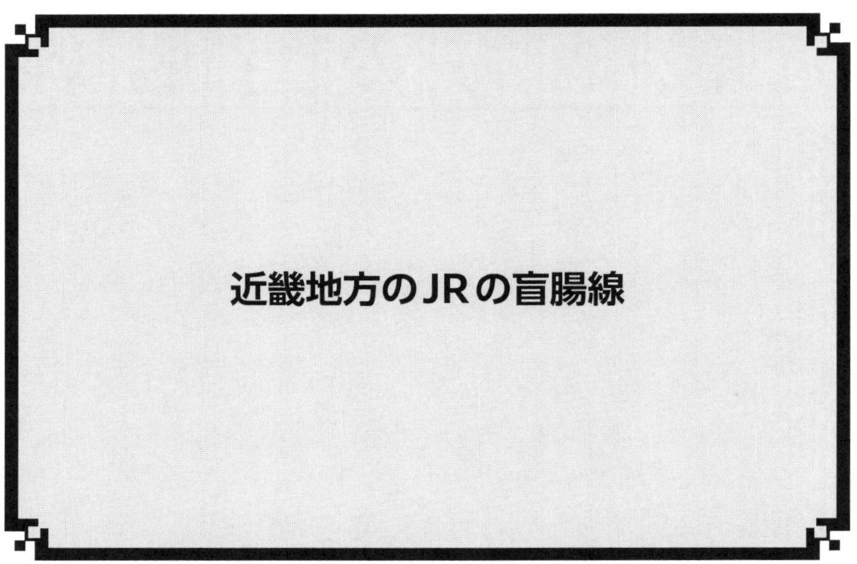

山陽本線 和田岬線 (兵庫～和田岬　2駅　2.7km)

軌間：1067㎜　動力方式：電化　直流1500V

- 路線全線の起点：兵庫　終点：和田岬 (営業距離：2.7km)
- 路線の全通年月日：1890(明治23) 年7月8日
- 該当区間の開通年月日：1890(明治23) 年7月8日

Profile

近畿圏のJRで唯一の盲腸線。3km足らずの路線ながら通勤時には高い乗車率があり、廃線にならなかった。貨物専用線としての開通は1890（明治23）年7月8日のことで、明治の私鉄・山陽鉄道が建設した。近年は103系電車が走る路線として注目されたが、2023（令和5）年3月18日で運転が終了し、207系の運転が開始された。

桜島線（西九条～桜島　4駅　4.1km）

軌間：1067㎜　動力方式：電化　直流1500V

- 路線全線の起点：西九条　終点：桜島（営業距離：4.1km）
- 路線の全通年月日：1910（明治43）年4月15日
- 該当区間の開通年月日：1910（明治43）年4月15日

Profile

明治の私鉄・西成鉄道が貨物輸送を主目的に1898（明治31）年4月5日に開業させた路線で、現在の終着駅となる桜島への延伸は、その12年後に行われた。延伸当初の駅名は天保山で、その後に改称と移転が行われている。万国博覧会の開催を見据えて路線の延伸が計画された時期もあったが、万博開催までの延伸はどうやら時間切れとなりそうな気配だ。

大都会の中の小さな終着駅桜島

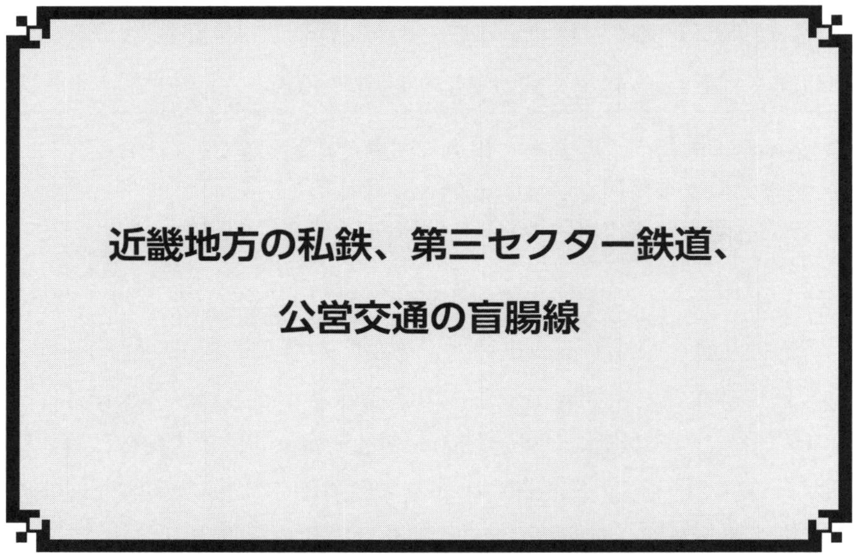

近畿地方の私鉄、第三セクター鉄道、公営交通の盲腸線

近江鉄道 多賀線（高宮〜多賀大社前　3駅　2.5km）

軌間：1067㎜　動力方式：電化　直流1500V

- 路線全線の起点：高宮　終点：多賀大社前（営業距離：2.5km）
- 路線の全通年月日：1914（大正3）年3月8日
- 該当区間の開通年月日：1914（大正3）年3月8日

Profile

近江地方に3路線を有する近江鉄道の盲腸線。かつては石灰石輸送でも活況を呈し、何両もの電気機関車を保有していた近江鉄道だが、それも今は昔の話となってしまった。終着の多賀大社前駅は、多賀大社に徒歩10分。駅前からきれいな参道が延びている。駅舎は大屋根の堂々とした造りで、ホームも頭端式3面2線のものを有している。

信楽高原鐵道 信楽線（貴生川〜信楽　6駅　14.7km）

軌間：1067㎜　動力方式：非電化（内燃車両）

- 路線全線の起点：貴生川　終点：信楽（営業距離：14.7km）
- 路線の全通年月日：1933（昭和8）年5月8日
- 該当区間の開通年月日：1933（昭和8）年5月8日
- 第三セクター鉄道への転換日：1987（昭和62）年7月13日

Profile

廃止となったJR信楽線を受け継いで開業した第三セクター鉄道。JR発足後の最初の転換路線となった。転換後に列車運転本数を増やすなど使い勝手の向上が図られたが、かつて運転されていたJRとの直通運転は中止されている。戦時中には不要不急とされて運転が休止されるという一幕もあったが、現在も地域の足として運転が続けられている。

叡山電鉄 叡山本線（宝ヶ池〜八瀬比叡山口　3駅　1.8km）

軌間：1435㎜　動力方式：電化　直流600V

- 路線全線の起点：出町柳　終点：八瀬比叡山口（営業距離：5.6km）
- 路線の全通年月日：1925（大正14）年9月27日
- 該当区間の開通年月日：1925（大正14）年9月27日

Profile

略称は「えいでん」。親しみを込めて呼ばれている鉄道は、途中の宝ヶ池で行き先が2つに分かれる。距離が短い八瀬比叡山口への路線は、法規上は本線となっている。終着の八瀬比叡山口は比叡山への入口の一つで、当駅から3分歩いた先にケーブル八瀬駅がある。大正末期の開業。駅舎の構えにも風格が感じられる。

叡山電鉄 鞍馬線（宝ヶ池～鞍馬　10駅　8.8km）

軌間：1435㎜　動力方式：電化　直流600V

- 路線全線の起点：宝ヶ池　終点：鞍馬（営業距離：8.8km）
- 路線の全通年月日：1929（昭和4）年12月20日
- 該当区間の開通年月日：1929（昭和4）年12月20日

Profile

宝ヶ池から北が鞍馬線となる。延長8kmあまりの路線は徐々に山の懐に分け入り、京都という土地の懐の深さを再認識させてくれる。この路線の最急こう配は50パーミルで、データを見ても山岳線を名乗ることができる。この路線も風水害によって幾度も運休に追い込まれているが、その都度全面的な復旧と、運行再開を続けている。

京都市交通局 烏丸線（国際会館～烏丸御池　8駅　7.6km）

軌間：1435㎜　動力方式：電化　直流1500V

- 路線全線の起点：国際会館　終点：竹田（営業距離：13.7km）
- 路線の全通年月日：1997（平成9）年6月3日
- 該当区間の開通年月日：1997（平成9）年6月3日

Profile

京都市営地下鉄で初めての路線として、まず1981（昭和56）年5月29日に北大路～京都間6.5kmが開業。1988（昭和63）年6月11日には京都～竹田間が延伸開業し、同年8月28日からは近畿日本鉄道京都線新田辺までの区間で、相互直通運転が開始された。終着駅の名に採られた国立京都国際会館は、宝ヶ池のほとりに建つ国際会議場だ。

京都市交通局 東西線（二条〜太秦天神川　3駅　2.4km）

軌間：1435㎜　動力方式：電化　直流1500V

- 路線全線の起点：六地蔵　終点：太秦天神川（営業距離：17.5km）
- 路線の全通年月日：2008（平成20）年1月16日
- 該当区間の開通年月日：2008（平成20）年1月16日

Profile

京都市営地下鉄で2番目の路線。JRと接続する二条以西が盲腸線となっている。東西線は1997（平成9）年10月12日に醍醐〜二条間が開業。二条〜太秦天神川間が東西線最後の延伸区間となり、延伸開業日から、御陵で接続する京阪電気鉄道京津線の車両が同駅まで乗り入れるようになった。同駅には京福電気鉄道嵐山本線天神川駅が隣接する。

嵯峨野観光鉄道 嵯峨野観光線（トロッコ嵯峨〜トロッコ亀岡　4駅　7.3km）

軌間：1067㎜　動力方式：非電化（内燃車両）

- 路線全線の起点：トロッコ嵯峨
  終点：トロッコ亀岡（営業距離：7.3km）
- 路線の全通年月日：1991（平成3）年4月27日
- 該当区間の開通年月日：1991（平成3）年4月27日

Profile

線路位置の変更で用途廃止となったJR山陰本線の旧線を活用する形で開業した観光鉄道。ディーゼル機関車がトロッコ風の客車を牽引し、渓谷に沿って延びる路線からの車窓風景を楽しむ。トロッコ嵯峨駅とJR嵯峨駅は隣接しているが、トロッコ亀岡駅とJR亀岡駅はおよそ500km離れている。

近畿日本鉄道 けいはんな線
（生駒～学研奈良登美ヶ丘　4駅　8.6km）
軌間：1435㎜　動力方式：電化　直流750V

- 路線全線の起点：長田
　　　　　終点：学研奈良登美ヶ丘（営業距離：18.8km）
- 路線の全通年月日：2006（平成18）年3月27日
- 該当区間の開通年月日：2006（平成18）年3月27日

Profile

1986（昭和61）年10月1日に近畿日本鉄道東大阪線として開業した長田～生駒間を、京阪奈新線の仮称で延伸工事を開始。正式名称をけいはんな線として開業させた路線。長田で接続する大阪メトロ中央線との相互直通運転を行うことから、直流750Vの電力を、第三軌条から集電している。沿線は近年になって宅地化が進んでいる。

近畿日本鉄道 近鉄奈良線
（大和西大寺～近鉄奈良　3駅　4.4km）
軌間：1435㎜　動力方式：電化　直流1500V

- 路線全線の起点：布施　終点：近鉄奈良（営業距離：26.7km）
- 路線の全通年月日：1914（大正3）年4月30日
- 該当区間の開通年月日：1914（大正3）年4月30日

Profile

近畿日本鉄道の幹線の一つである奈良線も、東側の部分が形態としては盲腸線になっている。終着の近鉄奈良駅は、近鉄の前身である大阪電気軌道奈良線の駅として開業。JR奈良駅とはおよそ900m離れている。駅は1969（昭和44）年12月9日に地下化工事を完成。当時も今も、奈良県下では唯一の地下駅となっている。

近畿日本鉄道 信貴線（河内山本～信貴山口　3駅　2.8km）

軌間：1435㎜　動力方式：電化　直流1500V

- 路線全線の起点：河内山本　終点：信貴山口（営業距離：2.8km）
- 路線の全通年月日：1930（昭和5）年12月15日
- 該当区間の開通年月日：1930（昭和5）年12月15日

Profile

河内山本で大阪線から分岐する3km足らずの路線。信貴山へのアクセスルートとなっており、休日には登山客の利用もある。終着の信貴山口ではケーブルカーの西信貴鋼索線が接続。ケーブルカーの駅はホームが信貴山口のホームとL字状に繋がっており、改札から外に出ることなく乗り換えが可能だ。ケーブルカーの終点、高安山駅は標高420m。

近畿日本鉄道 田原本線（新王寺～西田原本　8駅　10.1km）

軌間：1435㎜　動力方式：電化　直流1500V

- 路線全線の起点：新王寺　終点：西田原本（営業距離：10.1km）
- 路線の全通年月日：1918（大正7）年4月26日
- 該当区間の開通年月日：1918（大正7）年4月26日

Profile

JRと接続する新王寺を起点に西田原本までを走る路線。西田原本は近畿日本鉄道橿原線の田原本が隣接。両駅が近所にあるのに、駅名が異なったままであるのは田原本線が大和鉄道によって、橿原線が大阪電気軌道によって建設されたという歴史的経緯と、利用者の思惑も絡んでのことといわれ、これも鉄道の長い歴史を物語るエピソードとなっている。

近畿日本鉄道 御所線（尺土〜近鉄御所　4駅　5.2km）

軌間：1067㎜　動力方式：電化　直流1500V

- 路線全線の起点：尺土　終点：近鉄御所（営業距離：5.2km）
- 路線の全通年月日：1930（昭和5）年12月9日
- 該当区間の開通年月日：1930（昭和5）年12月9日

Profile

近畿日本鉄道南大阪線を尺土から分岐する5kmあまりの路線。終着の近鉄御所は、JR御所駅と650mほど離れた場所に建っている。南大阪線への直通列車が設定されて通勤利用の利便性が確保されているほか、葛城山へのアクセスルートになっており、観光客の利用もある。春の観光シーズンにも大阪阿部野橋からの直通臨時急行が運転されている。

近畿日本鉄道 吉野線（吉野口〜吉野　10駅　15.7km）

軌間：1067㎜　動力方式：電化　直流1500V

- 路線全線の起点：橿原神宮前　終点：吉野（営業距離：25.2km）
- 路線の全通年月日：1928（昭和3）年3月25日
- 該当区間の開通年月日：1928（昭和3）年3月25日

Profile

JR和歌山線と接続する吉野口以南が盲腸線となる。橿原神宮前で南大阪線と接続し、運行系統の上では、南大阪線と一体化されている。終着駅の吉野の一帯は桜の名所としても知られる観光スポットで、観光色の強い列車も数多く運転されている。吉野駅の駅前からは、吉野ロープウェイが延び、ロープウェイで標高305mの吉野山駅まで昇ることができる。

大阪高速電気軌道 谷町線（大日〜太子橋今市　3駅　3.0km）

軌間：1435㎜　動力方式：電化　直流750V

- 路線全線の起点：大日　終点：八尾南（営業距離：28.1km）
- 路線の全通年月日：1983（昭和58）年2月8日
- 該当区間の開通年月日：1983（昭和58）年2月8日

Profile

大阪高速電気軌道（Osaka Metro、大阪メトロ）は、大阪市営地下鉄から転換されて誕生した事業者で、路線は軌道法に準拠して建設、運行されている。谷町線は御堂筋線に続いて建設された路線で、当初の名称は2号線。開業後の1969（昭和44）年12月6日に路線の愛称名が決定した。1983（昭和58）年2月8日の大日〜守口間の開通によって全通を果たした。

大阪高速電気軌道 谷町線

（天王寺〜八尾南　10駅　10.5km）

軌間：1435㎜　動力方式：電化　直流750V

- 路線全線の起点：大日　終点：八尾南（営業距離：28.1km）
- 路線の全通年月日：1983（昭和58）年2月8日
- 該当区間の開通年月日：1980（昭和55）年11月27日

Profile

谷町線が八尾南まで延伸されたのは1980（昭和55）年11月27日のことで、同日から、それまでの天王寺検車場に代わる形で、八尾検車場が開設された。谷町線は建設年次は比較的古い路線だが、随所で他の路線との接続を果たし、大阪の地下鉄のネットワーキングを密度の濃いものに仕立てる立役者的存在となった路線だった。

近畿

大阪高速電気軌道 四つ橋線

（大国町～住之江公園　6駅　6.5km）

軌間：1435㎜　動力方式：電化　直流750V

- 路線全線の起点：西梅田　終点：住之江公園（営業距離：11.4km）
- 路線の全通年月日：1972（昭和47）年11月9日
- 該当区間の開通年月日：1972（昭和47）年11月9日

Profile

大阪市の中心部で四つ橋筋の地下を走ることから、名称が決定した路線。住之江公園ではニュートラムと接続しているが、この路線は新交通システムと捉えて、当路線の大国町～住之江公園間も盲腸線にカウントしてみた。機関車牽引の列車に比べて折り返し運転が用意な電車列車を専門に運転する路線は、盲腸線であっても利便性が損なわれることはない。

大阪高速電気軌道 中央線

（コスモスクエア～弁天町　3駅　5.5km）

軌間：1435㎜　動力方式：電化　直流750V

- 路線全線の起点：コスモスクエア
  終点：長田（営業距離：17.9km）
- 路線の全通年月日：1997（平成9）年12月18日
- 該当区間の開通年月日：1997（平成9）年12月18日

Profile

起点のコスモスクエアでは南港ポートタウン線（ニュートラム）、終点の長田では近畿日本鉄道けいはんな線と接続する。コスモスクエア駅が鉄道と接続していないことから盲腸線にカウントしたが、利便性は高い。当線の大阪港～阿波座間は、地質などに配慮して、高架線として建設された区間であり、大阪の地下鉄で初めての高架線となった。

大阪高速電気軌道 千日前線（今里～南巽　5駅　3.9km）

軌間：1435㎜　動力方式：電化　直流750V

- 路線全線の起点：野田阪神　終点：南巽（営業距離：12.6km）
- 路線の全通年月日：1981（昭和56）年12月2日
- 該当区間の開通年月日：1981（昭和56）年12月2日

Profile

大阪市の中心部で千日前通の地下を走る路線。大阪の地下鉄のすべての路線と接続するが、今里以南のおよそ4kmの路線が盲腸線となっている。終着の南巽駅からさらに南へ路線を延ばし、近鉄大阪線方面への接続が検討された時期があったが、まだ具体的な動きが出るには至っていない。南巽駅の周辺にも住宅地が広がるが、人口の密集度はさほど高くない。

大阪高速電気軌道 長堀鶴見緑地線（蒲生四丁目～門真南　5駅　4.8km）

軌間：1435㎜　動力方式：電化　直流1500V

- 路線全線の起点：大正　終点：門真南（営業距離：15.0km）
- 路線の全通年月日：1997（平成9）年8月29日
- 該当区間の開通年月日：1997（平成9）年8月29日

Profile

日本で初めて鉄輪式リニア地下鉄として開業した路線。1990（平成2）年3月20日に、まず京橋～鶴見緑地間が開業。これは同年に開催された国際花と緑の博覧会の会場へのアクセスを図って建設されたもので、1996（平成8）年12月11日に路線名を現行のものに改称。1997（平成9）年8月29日の路線延伸によって、現在の線形が完成している。

大阪高速電気軌道 今里筋線

（井高野～太子橋今市　4駅　3.7km）

軌間：1435㎜　動力方式：電化　直流1500V

- 路線全線の起点：井高野　終点：今里（営業距離：11.9km）
- 路線の全通年月日：2006（平成18）年12月24日
- 該当区間の開通年月日：2006（平成18）年12月24日

Profile

大阪メトロでいちばん新しい路線。この路線でも鉄輪式リニアモータシステムを採用し、トンネルの小断面化などのアドバンテージが活かされている。途中区間でいくつもの路線と接続する今里筋線だが、谷町線と接続する井高野～太子橋今市間が盲腸線となっている。とはいえ、この区間の沿線も地上には住宅や商業施設が密集している。

北大阪急行電鉄 南北線（江坂～千里中央　4駅　5.9km）

軌間：1067㎜　動力方式：電化　直流750V

- 路線全線の起点：江坂　終点：千里中央（営業距離：5.9km）
- 路線の全通年月日：1970（昭和45）年9月14日
- 該当区間の開通年月日：1970（昭和45）年9月14日

Profile

1970（昭和45）年に開催された日本万国博覧会の会場へのアクセスルートとして建設された鉄道をルーツとし、万博終了後に会場への路線を廃止して再スタートを切った。万博開催時から大阪メトロ御堂筋線との相互直通運転を実施し、運転形態は今も変わりない。現在は自社発注の車両と、大阪メトロの車両の両方を用いて運行が行われている。

京阪電気鉄道 中之島線（中之島～天満橋　5駅　3.0km）

軌間：1435㎜　動力方式：電化　直流1500V

- 路線全線の起点：中之島　終点：天満橋（営業距離：3.0km）
- 路線の全通年月日：2008（平成20）年10月19日
- 該当区間の開通年月日：2008（平成20）年10月19日

Profile

大阪市北区の中之島の地下を走る。淀屋橋駅など、既存の施設の混雑緩和を主目的に建設され、エアポケット的に鉄道過疎地帯となっていた地域に、新たなチャンネルを提供した。線内の列車はすべて各駅停車として運転され、京阪沿線から中之島線沿線に向かう際には、天満橋での列車の乗り換えが必要になるケースもあるが、乗り換えは容易だ。

京阪電気鉄道 交野線（枚方市～私市　8駅　6.9km）

軌間：1067㎜　動力方式：電化　直流1500V

- 路線全線の起点：枚方市　終点：私市（営業距離：6.9km）
- 路線の全通年月日：1929（昭和4）年7月10日
- 該当区間の開通年月日：1929（昭和4）年7月10日

Profile

信貴生駒電鉄によって建設された路線。終戦後の1949（昭和24）年12月1日に、京阪電気鉄道が京阪神急行電鉄から分離した時から、京阪電気鉄道の路線として運行が続けられている。信貴生駒電鉄の時代から京阪との結びつきが強く、幾度か京阪本線への直通運転が実施されたことがあったが、現在は基本的に線内折り返しの列車のみが運転されている。

京阪電気鉄道 宇治線（中書島～宇治　8駅　7.6km）

軌間：1435㎜　動力方式：電化　直流1500V

- 路線全線の起点：中書島　終点：宇治（営業距離：7.6km）
- 路線の全通年月日：1913（大正2）年6月1日
- 該当区間の開通年月日：1913（大正2）年6月1日

Profile

京阪電気鉄道が宇治川電気軌道から建設特許を譲渡された建設を手掛け、一度京阪神急行電鉄と統合された後、交野線と同じ1949（昭和24）年12月1日に京阪電気鉄道の路線となった。かつては京都三条方面への直通列車が多数設定されていたが、現在は線内折り返しの列車で運行され、ワンマン運転も導入されるなど、運転面でも合理化が進められている。

阪急電鉄 京都本線（桂～京都河原町　6駅　7.3km）

軌間：1435㎜　動力方式：電化　直流1500V

- 路線全線の起点：十三　終点：京都河原町（営業距離：45.3km）
- 路線の全通年月日：1963（昭和38）年6月17日
- 該当区間の開通年月日：1963（昭和38）年6月17日

Profile

阪急京都本線の京都河原町口は、桂から先が盲腸線の形態となる。大宮～京都河原町間の延伸が果たされたのは1963（昭和38）年6月17日のことで、京都を代表する繁華街の中心部への乗り入れは悲願とされていた。この延伸に伴い現行のものへと駅名を改めた大宮駅は、それまでは京都駅を名乗っていた。

阪急電鉄 嵐山線（桂〜嵐山　4駅　4.1km）

軌間：1435㎜　動力方式：電化　直流1500V

- 路線全線の起点：桂　終点：嵐山（営業距離：4.1km）
- 路線の全通年月日：1928（昭和3）年11月9日
- 該当区間の開通年月日：1928（昭和3）年11月9日

Profile

桂で京都本線から分岐する4km あまりの路線。昭和初期に新京阪鉄道によって建設された路線で、観光輸送を視野に入れての開業であったが、現在は臨時列車以外に京都本線から直通する列車の運転はなく、すべて線内での折り返し運転が行われている。嵐山駅から渡月橋まではおよそ400m。橋を渡った先に京福電気鉄道の嵐山駅がある。

阪急電鉄 千里線（淡路〜北千里　10駅　10.1km）

軌間：1435㎜　動力方式：電化　直流1500V

- 路線全線の起点：天神橋筋六丁目
  終点：北千里（営業距離：13.6km）
- 路線の全通年月日：1967（昭和42）年3月1日
- 該当区間の開通年月日：1967（昭和42）年3月1日

Profile

当線の千里山駅は1921（大正10）年10月26日の開業。以北の延伸が行われたのは昭和40年代以降のことで、1970（昭和45）年の日本万国博覧会開催時に観客輸送に使用された施設も活かす形で、1967（昭和42）年3月1日に北千里までの路線が全通した。終着の北千里駅は、日本で初めて自動改札機を設置した駅として知られている。

阪急電鉄 伊丹線（塚口～伊丹　4駅　3.1km）

軌間：1435㎜　動力方式：電化　直流1500V

- 路線全線の起点：塚口　終点：伊丹（営業距離：3.1km）
- 路線の全通年月日：1920（大正9）年7月16日
- 該当区間の開通年月日：1920（大正9）年7月16日

Profile

現行のものよりも北寄りを通る予定だった阪急神戸本線が、その後の計画変更によって南寄りのルートとなったことから、伊丹への輸送を確保するために建設が進められたと言われている。現在は神戸本線との直通運転は行われず、列車は線内を往復するのみとなっているが、輸送需要は旺盛で、終日、頻繁運転が行われている。

阪急電鉄 箕面線（石橋阪大前～箕面　4駅　4.0km）

軌間：1435㎜　動力方式：電化　直流1500V

- 路線全線の起点：石橋阪大前　終点：箕面（営業距離：4.0km）
- 路線の全通年月日：1910（明治43）年3月10日
- 該当区間の開通年月日：1910（明治43）年3月10日

Profile

箕面は大阪市からも至近の行楽地で、明治末期には鉄道が開通した。建設を手掛けたのは箕面有馬電気軌道で、現在の阪急電鉄のルーツとなっている。箕面線が開通した同日には、現在の宝塚本線となる梅田～宝塚間も開業し、同社は大電鉄への歩みを始める。現在の箕面線は、線内折り返しでの列車の運転が続けられている。

阪急電鉄 甲陽線（夙川～甲陽園 3駅 2.2km）

軌間：1435㎜ 動力方式：電化 直流1500V

- 路線全線の起点：夙川 終点：甲陽園（営業距離：2.2km）
- 路線の全通年月日：1924（大正13）年10月1日
- 該当区間の開通年月日：1924（大正13）年10月1日

Profile

こちらは、やはり現在の阪急電鉄の前身となる阪神急行電鉄が建設した路線。開業時に中間駅はなく、列車が２駅の間を往復した。当時甲陽園一帯を一大リゾート地に仕立てる計画があり、観光客輸送を目的として、阪神急行電鉄が路線を建設。しかし計画はとん挫し、盲腸線が残された形になった。現在の甲陽園は高級住宅地の一つに数えられている。

能勢電鉄 妙見線（山下～妙見口 5駅 4.0km）

軌間：1435㎜ 動力方式：電化 直流1500V

- 路線全線の起点：川西能勢口 終点：妙見口（営業距離：12.2km）
- 路線の全通年月日：1923（大正12）年11月3日
- 該当区間の開通年月日：1923（大正12）年11月3日

Profile

能勢妙見堂への参拝客輸送を主目的に建設され、その後になって沿線の宅地開発が進んだことから、通勤路線として発展した。昭和後期に山下で分岐する日生線が開業すると通勤輸送の主体はそちらにシフトし、現在は早朝を除いて区間列車が線内を往復し、山下で日生線へ直通する列車と妙見口方面行き列車との連絡を行う方式が採られている。

能勢電鉄 日生線（山下〜日生中央　2駅　2.6km）

軌間：1435㎜　動力方式：電化　直流1500V

- 路線全線の起点：山下　終点：日生中央（営業距離：2.6km）
- 路線の全通年月日：1978（昭和53）年12月12日
- 該当区間の開通年月日：1978（昭和53）年12月12日

Profile

「日生ニュータウン」への足として建設された路線で、妙見線山下駅から分岐し2.6kmを走る。ニュータウンの発展に伴って輸送需要が増加し、輸送需要は妙見線山下以北を凌ぐものとなった。川西能勢口から阪急宝塚本線に乗り入れ、大阪梅田までを直通する特急「日生エクスプレス」が誕生したのは1997（平成9）年11月16日のことだ。

南海電気鉄道 高野線（汐見橋〜岸里玉出　6駅　4.6km）

軌間：1067㎜　動力方式：電化　直流1500V

- 路線全線の起点：汐見橋　終点：極楽橋（営業距離：64.5km）
- 路線の全通年月日：1929（昭和4）年2月21日
- 該当区間の開通年月日：1900（明治33）年9月3日

Profile

高野線本来の起点は汐見橋。しかし、現在の運転系統は難波を起点と捉えて整備され、汐見橋〜岸里玉出間は、区間列車が全線を往復する支線的な扱いとなり、「汐見橋線」という呼び名も用いられている。起点駅の汐見橋は頭端式ホーム1面2線のみの小規模なもので、この区間の輸送需要が窺える。

南海電気鉄道 高野線（橋本～極楽橋　10駅　19.8km）

軌間：1067㎜　動力方式：電化　直流1500V

- 路線全線の起点：汐見橋　終点：極楽橋（営業距離：64.5km）
- 路線の全通年月日：1929（昭和4）年2月21日
- 該当区間の開通年月日：1929（昭和4）年2月21日

Profile

JR和歌山線の接続する橋本以南の高野線は、わが国を代表する山岳路線として知られ、殊に高野下駅以南では50パーミルの勾配と、半径100m未満の急曲線が連続する。難波から極楽橋までの直通運転は、部内では「大運転」と呼ばれ、使用する車両には平坦線と勾配区間の両方を走破する、異なる2つの性能が求められた。

南海電気鉄道 高師浜線（羽衣～高師浜　3駅　1.4km）

軌間：1067㎜　動力方式：電化　直流1500V

- 路線全線の起点：羽衣　終点：高師浜（営業距離：1.4km）
- 路線の全通年月日：1919（大正8）年10月25日
- 該当区間の開通年月日：1919（大正8）年10月25日

Profile

大正初期に南海鉄道の手によって開業。わずか1kmあまりの路線は、陸軍の宿舎跡地を再開発する形で、宅地を造成。高師浜一帯はリゾート地としての性格も兼ね備えた高級住宅地になったのである。現在は全線を運休とし、2024（令和6）年春までの予定で羽衣～伽羅橋間の連続立体化工事が行われている。

南海電気鉄道 多奈川線（みさき公園～多奈川　4駅　2.6km）

軌間：1067㎜　動力方式：電化　直流1500V

- 路線全線の起点：みさき公園　終点：多奈川（営業距離：2.6km）
- 路線の全通年月日：1944（昭和19）年5月31日
- 該当区間の開通年月日：1944（昭和19）年5月31日

Profile

戦時中に開業。建設の主目的は、川崎造船への通勤客輸送とされ、軍需的な色合いの濃い路線として誕生した。戦後は造船所の跡地を活用して作られた深日港が淡路島連絡、四国連絡の主要ルートとなり、当路線もそれに合わせる形で活況を呈していた。その後、主要航路は他へ移り、当路線ものどかな色合いのローカル線という色合いが濃くなった。

南海電気鉄道 加太線（紀ノ川～加太　8駅　9.6km）

軌間：1067㎜　動力方式：電化　直流1500V

- 路線全線の起点：紀ノ川　終点：加太（営業距離：9.6km）
- 路線の全通年月日：1912（明治45）年6月16日
- 該当区間の開通年月日：1912（明治45）年6月16日

Profile

明治期に加太軽便鉄道の路線として開業。その後、戦時中の1942（昭和17）年2月1日に南海鉄道と合併し、戦後に南海電気鉄道の路線となった。1984（昭和59）年2月1日に貨物営業を廃止。これは南海電鉄で最後まで残されていたものであった。現在は「加太さかな線」の愛称名を用いて、観光客誘致に力が注がれている。

南海電気鉄道 和歌山港線
（和歌山市～和歌山港　2駅　2.8km）

軌間：1067㎜　動力方式：電化　直流1500V

- 路線全線の起点：和歌山市　終点：和歌山港（営業距離：2.8km）
- 路線の全通年月日：1956（昭和31）年5月6日
- 該当区間の開通年月日：1971（昭和46）年3月6日

Profile

四国航路が開設された和歌山港へのアクセスルートとして、昭和中期に誕生。路線はそれからおよそ10年後に延伸されるが、2002（平成14）年5月26日に一部区間が廃止されて、和歌山港駅が終着となった。現在も船便に一定の需要があることから、南海本線からの直通列車も運転が続けられている。

泉北高速鉄道 泉北高速線
（中百舌鳥～和泉中央　6駅　14.3km）

軌間：1067㎜　動力方式：電化　直流1500V

- 路線全線の起点：中百舌鳥　終点：和泉中央（営業距離：14.3km）
- 路線の全通年月日：1995（平成7）年4月1日
- 該当区間の開通年月日：1995（平成7）年4月1日

Profile

南海高野線中百舌鳥駅から分岐する通勤路線。当初は南海自身が建設を計画していたが、さまざまな事情に勘案して第三セクター鉄道として立ち上げられた。ただし、現在も南海との結びつきは強く、高野線との相互直通運転が行われている。和泉中央から日根野方面への延伸計画も掲げられているが、まだ具体的な進展には至っていない。

水間鉄道 水間線（貝塚〜水間観音　10駅　5.5km）

軌間：1067㎜　動力方式：電化　直流1500V

- 路線全線の起点：貝塚　終点：水間観音（営業距離：5.5km）
- 路線の全通年月日：1926（大正15）年1月30日
- 該当区間の開通年月日：1926（大正15）年1月30日

Profile

貝塚市にある水間観音への参拝客輸送を目的として開業。以後、経営母体の変更などの変化はあったが、延長5.5kmの路線など、鉄道の運営規模に変わりはない。長く南海電気鉄道との結びつきが強く、車両も南海の旧型車が主力となっていたが、1990（平成2）年に架線電圧の昇圧が行われた以降は、元・東急の車両によって運行が行われている。

紀州鉄道 紀州鉄道線（御坊〜西御坊　5駅　2.7km）

軌間：1067㎜　動力方式：非電化（内燃車両）

- 路線全線の起点：御坊　終点：西御坊（営業距離：2.7km）
- 路線の全通年月日：1934（昭和9）年8月10日
- 該当区間の開通年月日：1932（昭和7）年4月10日

Profile

全長3㎞足らずの非電化ミニ私鉄。不動産部門を経営の主体とする会社の鉄道部門という位置づけで運営が続けられており、本社も東京に置かれている。長く「日本一短い鉄道」を標榜してきたが、2002（平成14）年に芝山鉄道が開業すると、その座を明け渡した。

和歌山電鐵 貴志川線（和歌山〜貴志　14駅　14.3km）

軌間：1067㎜　動力方式：電化　直流1500V

- 路線全線の起点：和歌山　終点：貴志（営業距離：14.3km）
- 路線の全通年月日：1933（昭和8）年8月18日
- 該当区間の開通年月日：1933（昭和8）年8月18日

Profile

山東軽便鉄道の路線として大正初期に開業。社名変更と合併の後、1961（昭和36）年11月1日に南海電気鉄道と合併し、同社貴志川線となった。2005（平成17）年6月27日には経営分離によって、和歌山電鐵が設立されている。この路線を一躍有名にした貴志川駅のネコ駅長「たま」が就任したのは2007（平成19）年1月5日のことだった。

神戸市交通局 西神線（新長田〜西神中央　9駅　15.1km）

軌間：1435㎜　動力方式：電化　直流1500V

- 路線全線の起点：新長田　終点：西神中央（営業距離：15.1km）
- 路線の全通年月日：1987（昭和62）年3月18日
- 該当区間の開通年月日：1987（昭和62）年3月18日

Profile

通称は「みどりのUライン」。山手線、海岸線と接続する新長田以西が盲腸線となる。運転系統は山手線と一体化されており、ほとんどの列車が、山手線、あるいは山手線が新神戸で接続する北新線と直通運転を行っている。終着の西神中央はニュータウンの真ん中にある駅。いかにも現代の街らしい、明るくスマートな建物がずらりと並んでいる。

神戸市交通局 海岸線

（新長田～三宮・花時計前　10駅　7.9km）

軌間：1435㎜　動力方式：電化　直流1500V

- 路線全線の起点：新長田　終点：三宮・花時計前（営業距離：7.9km）
- 路線の全通年月日：2001（平成13）年7月7日
- 該当区間の開通年月日：2001（平成13）年7月7日

Profile

路線名のとおり、神戸市の海岸線近くを走る。近年に開業した路線らしく、他の鉄道線との接続にも配慮され、途中の和田岬駅はJR和田岬駅と、終着の三宮・花時計前はJRなどの三宮駅とも近く、乗り換えは容易だ。日本で３番目に鉄輪式リニアモーターを採用して開業した路線。トンネル断面は小さく掘られ、車両も小ぶりに作られている。

山陽電気鉄道 本線（飾磨～山陽姫路　4駅　3.8km）

軌間：1435㎜　動力方式：電化　直流1500V

- 路線全線の起点：西代　終点：山陽姫路（営業距離：54.7km）
- 路線の全通年月日：1923（大正12）年8月19日
- 該当区間の開通年月日：1923（大正12）年8月19日

Profile

山陽電気鉄道の西のターミナル山陽姫路駅はJR姫路駅からおよそ170m離れ、商業ビルの2階部分に頭端式ホーム4面4線を備える。山陽電気鉄道本線は、私鉄2社によって建設されたという経緯があり、スムースな運転が行われるようになったのは、架線電圧が1500Vで統一された1948（昭和23）年10月21日以降のことであったという。

山陽電気鉄道 網干線（飾磨〜山陽網干　7駅　8.5km）

軌間：1435㎜　動力方式：電化　直流1500V

- 路線全線の起点：飾磨　終点：山陽網干（営業距離：8.5km）
- 路線の全通年月日：1941（昭和16）年7月6日
- 該当区間の開通年月日：1941（昭和16）年7月6日

Profile

飾磨で山陽電気鉄道本線から分岐し山陽網干まで走る。かつては本線を山陽姫路方面に直通する列車が設定されていたが、現在は線内折り返しの列車のみが、日中は1時間あたり4本が運転されている。終着駅の網干はJR網干駅とは3kmほど離れており、市の中心となる繁華街は、山陽網干駅の周囲に広がっている。

神戸電鉄 有馬線（有馬口〜有馬温泉　2駅　2.5km）

軌間：1067㎜　動力方式：電化　直流1500V

- 路線全線の起点：湊川　終点：有馬温泉（営業距離：22.5km）
- 路線の全通年月日：1928（昭和3）年11月28日
- 該当区間の開通年月日：1928（昭和3）年11月28日

Profile

湊川と有馬温泉を結ぶ神戸電鉄と接続する列車はすべてが有馬温泉駅に発着し、湊川からは神戸高速鉄道が保有する路線に乗り入れて新開地まで直通する。終着の有馬温泉駅から、日本三古湯に数えられる有馬温泉の温泉街までは、およそ200mの距離だ。

神戸電鉄 公園都市線
（横山〜ウッディタウン中央　4駅　5.5km）
軌間：1067㎜　動力方式：電化　直流1500V

- 路線全線の起点：横山
  終点：ウッディタウン中央（営業距離：5.5km）
- 路線の全通年月日：1996（平成8）年3月28日
- 該当区間の開通年月日：1996（平成8）年3月28日

Profile

神戸電鉄三田線から分岐して、ウッディタウン中央までを走る。当線を走る列車はすべて三田線に直通し、三田までを走る。路線名からもわかる通り、ニュータウンへのアクセス路線として建設され、沿線は今も人口が増加傾向にあるという。ウッディタウンは1987（昭和62）年に街開きし、今は駅前にショッピングセンター、ホテルなどが並んでいる。

北条鉄道 北条線（粟生〜北条町　8駅　13.7km）
軌間：1067㎜　動力方式：非電化（内燃車両）

- 路線全線の起点：粟生　終点：北条町（営業距離：13.7km）
- 路線の全通年月日：1915（大正4）年3月3日
- 該当区間の開通年月日：1915（大正4）年3月3日
- 第三セクター鉄道への転換日：1985（昭和60）年4月1日

Profile

大正初期に播州鉄道によって開業した路線が、播但鉄道に経営母体を変えた後、1943（昭和18）年6月1日に国有化されて国鉄北条線に。しかしこの路線は国鉄の特定地方交通線に選ばれて廃止となり、第三セクター鉄道に転換された。転換後は一時期業績が落ち込んだものの、その後に回復したと伝えられ、地域の足としての運行が続けられている。

中国地方の盲腸線

境線（米子～境港　16駅　17.9km）
軌間：1067㎜　動力方式：非電化（内燃車両）
（一部電化　直流1500V）

- 路線全線の起点：米子　終点：境港（営業距離：17.9km）
- 路線の全通年月日：1902（明治35）年11月1日
- 該当区間の開通年月日：1902（明治35）年11月1日

Profile

明治中期に鉄道建設のための資材搬入用の路線として建設されたという経緯を持つ。同様の事例には、東海道本線建設のための資材運搬用として建設された武豊線などの例がある。1982（昭和57）年6月21日に米子～後藤間の電化が完成。これは後藤車両所（現・後藤総合車両所）への入出場車両のための措置だった。

可部線（横川〜あき亀山　14駅　15.6km）

軌間：1067㎜　動力方式：直流　1500V

- 路線全線の起点：横川　終点：あき亀山（営業距離：15.6km）
- 路線の全通年月日：1969（昭和44）年7月27日
- 該当区間の開通年月日：2017（平成29）年3月4日

Profile

私鉄として開業した後、1936（昭和11）年9月1日に国有化。1969（昭和44）年7月27日には三段峡まで延伸され、さらに山陰本線浜田を目指しての延伸工事が進められていたが、工事は凍結され、2003（平成15）年12月1日には可部〜三段峡間も廃止となった。しかし、2017（平成29）年3月4日には、可部〜あき亀山間が延伸された。

小野田線　本山支線（雀田〜長門本山　3駅　2.3km）

軌間：1067㎜　動力方式：直流　1500V

- 路線全線の起点：雀田　終点：長門本山（営業距離：2.3km）
- 路線の全通年月日：1947（昭和22）年10月1日
- 該当区間の開通年月日：1937（昭和12）年1月21日

Profile

現在の宇部線、小野田線は、石炭、石灰石の輸送の重責を担う路線として、1943（昭和18）年4〜5月に国有化された。現在は延長2.3kmという盲腸線になってしまった本山支線も、かつては石炭輸送、炭坑の従業員輸送に活躍し、昭和40年代には25往復の列車が設定されていた。現在は朝夕に3往復が走るのみの、超閑散線区となっている。

山陰本線 仙崎支線（長門市～仙崎　2駅　2.2km）
軌間：1067㎜　動力方式：非電化（内燃車両）

- 路線全線の起点：長門市　終点：仙崎（営業距離：2.2km）
- 路線の全通年月日：1930（昭和5）年5月15日
- 該当区間の開通年月日：1930（昭和5）年5月15日

Profile

山陰本線西部の長門市から日本海に面した漁港の町、仙崎に延びる支線。当初は貨物専用線として開業し、1933（昭和8）年7月26日から旅客営業を開始した。終点の仙崎は童謡詩人金子みすゞの生誕地として知られ、駅を中心にした一画は、博物館として残されているみすゞの生家を中心に、落ち着いた雰囲気の景観づくりが行われている。

境線境港駅

中国地方の私鉄、第三セクター鉄道、公営交通の盲腸線

水島臨海鉄道 水島本線

（倉敷市〜三菱自工前　10駅　10.4km）

軌間：1067㎜　動力方式：非電化（内燃車両）

- 路線全線の起点：倉敷市　終点：三菱自工前（営業距離：10.4km）
- 路線の全通年月日：1943（昭和18）年6月30日
- 該当区間の開通年月日：1972（昭和47）年9月17日

Profile

戦時中に軍需工場のための専用線として開業し、戦後に地方鉄道に変更。その後も貨物専用鉄道として運営されていたが、1972（昭和47）年9月から旅客輸送を開始した。全長10kmあまりの路線ではあるが、日中は1時間に1〜3本程度の列車が設定されており、利便性は確保されている。三菱自工前などから貨物専用線が延びている。

一畑電車 北松江線
（川跡～松江しんじ湖温泉　18駅　29.0km）
軌間：1067㎜　動力方式：直流　1500V

- 路線全線の起点：電鉄出雲市
　終点：松江しんじ湖温泉（営業距離：33.9km）
- 路線の全通年月日：1928（昭和3）年4月5日
- 該当区間の開通年月日：1928（昭和3）年4月5日

Profile

元々は出雲市小境町にある一畑薬師（一畑寺）の参拝客輸送を目的に建設された路線で、1944（昭和 19）年 12 月 10 日まで途中の一畑口から寺の最寄り駅となる一畑まで支線が伸びていた。現在は 1 時間あたり 1～ 2 本の列車が設定されてフリークエンシーが確保されているほか、本数は少ないながら、急行、特急も設定され、活況を見せている。

一畑電車 大社線（川跡～出雲大社前　5駅　8.3km）
軌間：1067㎜　動力方式：直流　1500V

- 路線全線の起点：川跡　終点：出雲大社前（営業距離：8.3km）
- 路線の全通年月日：1930（昭和5）年2月2日
- 該当区間の開通年月日：1930（昭和5）年2月2日

Profile

北松江線の川跡から分岐して、出雲大社前に至る延長 8km あまりの支線。出雲大社の参拝客輸送を目的に建設された。同じ目的の路線には、廃止された国鉄・JR の大社線があったが、出雲大社へは当路線の終点出雲大社前の方が近い。国鉄大社駅の駅舎は出雲大社を模した壮麗な造りだが、出雲大社前駅もステンドグラスを用いた瀟洒な造りとなっている。

中国

広島電鉄 宮島線（広電西広島～広電宮島口　22駅　16.1km）

軌間：1435㎜　動力方式：直流　600V

- 路線全線の起点：広電西広島
  終点：広電宮島口（営業距離：16.1km）
- 路線の全通年月日：1931（昭和6）年2月1日
- 該当区間の開通年月日：1931（昭和6）年2月1日

Profile

全部で7路線を有する広島電鉄のうち、唯一鉄道法によって運行されている路線。ほぼ全線がJR山陽本線と並行しているが、駅数を山陽本線よりも多くすることで利便性を向上させている。多くの列車が広電西広島で接続する本線を経由して広島駅方面に向かっている。終着駅広電宮島口は、ＪＲ宮島口駅から150ｍ離れた所に建っている。

若桜鉄道 若桜線（郡家～若桜　9駅　19.2km）

軌間：1067㎜　動力方式：非電化（内燃車両）

- 路線全線の起点：郡家　終点：若桜（営業距離：19.2km）
- 路線の全通年月日：1930（昭和5）年12月1日
- 該当区間の開通年月日：1930（昭和5）年12月1日
- 第三セクター鉄道への転換日：1987（昭和62）年10月14日

Profile

廃止となったJR若桜線を受け継いで運行されている第三セクター鉄道の路線。転換後は列車の増発など、利便性を向上させるためのさまざまな方策が実施されている。2015（平成27）年4月11日には、若桜駅で静態保存されていたC12形を、全線を線路閉鎖した上でディーゼル機関車も連結して動力とし、全線を往復する社会実験を行い、大いに注目された。

錦川鉄道 錦川清流線（川西～錦町　13駅　32.7km）
軌間：1067㎜　動力方式：非電化（内燃車両）

- 路線全線の起点：川西　終点：錦町（営業距離：32.7km）
- 路線の全通年月日：1963（昭和38）年10月1日
- 該当区間の開通年月日：1963（昭和38）年10月1日
- 第三セクター鉄道への転換日：1987（昭和62）年7月25日

Profile

廃止となったJR岩日線を受け継いで開業した第三セクター鉄道。転換後は観光鉄道としての活性化を図り、路線名も観光鉄道にふさわしいものが付けられた。現在はすべての列車が川西からJR岩徳線に乗り入れ岩国まで直通し、利用客の便宜が図られている。国鉄時代には錦町から先への延伸計画もあったが、この計画は凍結されたままだ。

若桜鉄道若桜線若桜駅

四国地方の盲腸線

予讃線（北宇和島～宇和島　2駅　1.5km）
軌間：1067㎜　動力方式：非電化（内燃車両）

- 路線全線の起点：高松　終点：宇和島（営業距離：297.6km）
- 路線の全通年月日：1945（昭和20）年6月20日
- 該当区間の開通年月日：1914（大正3）年10月18日

Profile

四国を代表する幹線である予讃線は、西のターミナルの宇和島と、その隣の北宇和島の間が盲腸線の形態となっている。もっともこの区間には予讃線と予土線の列車が走っている。歴史的には大正初期に私鉄・宇和島鉄道によって建設された区間で、この時にまず開業したのが宇和島～近永間。すなわち、現在は予土線の一部となっている区間である。

鳴門線（池谷～鳴門　7駅　8.5km）
軌間：1067㎜　動力方式：非電化（内燃車両）

- 路線全線の起点：池谷　終点：鳴門（営業距離：8.5km）
- 路線の全通年月日：1928（昭和3）年1月18日
- 該当区間の開通年月日：1928（昭和3）年1月18日

Profile

私鉄・鳴門電気鉄道が徳島と鳴門を結ぶことを目的として建設した路線で、1933（昭和8）年8月1日に国有化されて阿波線を名乗り、後に鳴門線へと改称された。鳴門電気鉄道は、社名とは裏腹に最後まで非電化の私鉄だった。国有化後に廃止対象路線に数えられたことがあったが、徳島への通勤利用客が増えたことから、廃止を免れている。

予讃線宇和島駅

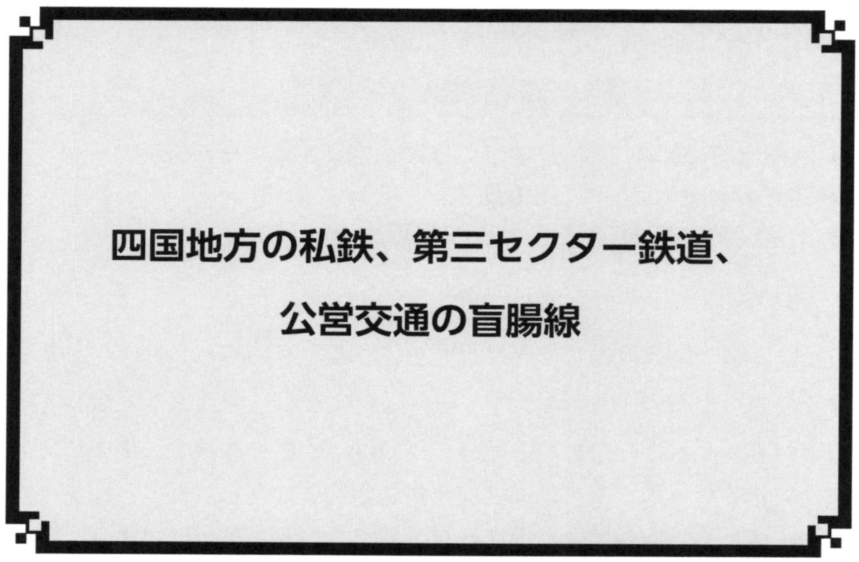

四国地方の私鉄、第三セクター鉄道、公営交通の盲腸線

高松琴平電気鉄道 琴平線（高松築港〜瓦町　3駅　2.6km）

軌間：1435㎜　動力方式：電化　直流1500Ｖ

- 路線全線の起点：高松築港　終点：琴電琴平（営業距離：32.9km）
- 路線の全通年月日：1955（昭和30）年9月10日
- 該当区間の開通年月日：1955（昭和30）年9月10日

Profile

現有する３路線が瓦町に集結する高松琴平電気鉄道は、瓦町から４方向に盲腸線が延びる線形となっている。琴平線は３路線の中でも本線的な位置づけとなっており、高松築港を起点に頻繁運転を実施。高松築港〜瓦町間には築港線という呼び名も用いられ、長尾線の列車も乗り入れている。高松築港駅は、JR 高松駅から 200 ｍ離れた位置に建っている。

高松琴平電気鉄道 琴平線

（瓦町～琴電琴平　21駅　31.2km）

軌間：1435㎜　動力方式：電化　直流1500 V

- 路線全線の起点：高松築港　終点：琴電琴平（営業距離：32.9km）
- 路線の全通年月日：1955（昭和30）年9月10日
- 該当区間の開通年月日：1927（昭和2）年4月22日

Profile

琴平線は金刀比羅宮の参拝客輸送を主目的として建設された路線で、一時期は琴平に国鉄土讃線のほかに、私鉄3社の路線が集結していた。寺社仏閣への参拝は庶民にとって宗教的行事であると同時にレジャーでもあり、金刀比羅宮には全国から参拝客が押し寄せていたのである。当路線の琴平駅も、JR琴平駅から200ｍ離れた地点に建っている。

高松琴平電気鉄道 志度線

（瓦町～琴電志度　16駅　12.5km）

軌間：1435㎜　動力方式：電化　直流1500 V

- 路線全線の起点：瓦町　終点：琴電志度（営業距離：12.5km）
- 路線の全通年月日：1911（明治44）年11月18日
- 該当区間の開通年月日：1911（明治44）年11月18日

Profile

東讃電気軌道の路線として開業した志度線。同社はその後合併を繰り返し、1943（昭和18）年11月1日に高松琴平電気鉄道となった。当初は現在の瓦町の南側に出晴駅を設けてターミナルとしたが、1945（昭和20）年7月30日にはこの駅を廃して瓦町に乗り入れ。1994（平成6）年6月26日の同駅の線路変更によって、他路線との直通がなくなっている。

高松琴平電気鉄道 長尾線（瓦町～長尾　16駅　14.6km）

軌間：1067㎜　動力方式：電化　直流1500 V

- 路線全線の起点：瓦町　終点：長尾（営業距離：14.6km）
- 路線の全通年月日：1912(明治45) 年4月30日
- 該当区間の開通年月日：1912(明治45) 年4月30日

Profile

高松電気軌道の路線として開業。1943（昭和 18）年に高松琴平電気鉄道となり、志度線と同様に出晴をターミナル駅としたが、戦時中に瓦町に乗り入れた。長尾線の線路は琴平線と繋がっており、現在も一部の列車が高松築港まで乗り入れている。終着駅長尾はさぬき市長尾西に立地。かつては同駅からさらに東への路線延伸も計画されていたと言われる。

伊予鉄道 高浜線（高浜～松山市　10駅　9.4km）

軌間：1067㎜　動力方式：電化　直流600 V

- 路線全線の起点：高浜　終点：松山市（営業距離：9.4km）
- 路線の全通年月日：1892(明治25) 年5月1日
- 該当区間の開通年月日：1892(明治25) 年5月1日

Profile

四国初の鉄道として開業した路線で、当時採用された 762mm 軌間は日本の鉄道で初めてのものであった。夏目漱石の小説『坊っちゃん』に登場する「マッチ箱のような汽車」は、当時の高浜線を走る列車であったとされる。現在は多くの列車が横河原線への直通運転を実施。途中の大手町駅には、軌道線の線路との平面交差がある。

伊予鉄道 横河原線（松山市～横河原　15駅　13.2km）

軌間：1067㎜　動力方式：電化　直流750Ｖ

- 路線全線の起点：松山市　終点：横河原（営業距離：13.2km）
- 路線の全通年月日：1899（明治32）年10月4日
- 該当区間の開通年月日：1899（明治32）年10月4日

Profile

やはり明治期に軌間762mmの路線として建設され、戦前に1067mm軌間への改軌、昭和40年代に電化が行われている。伊予鉄道の他の路線と比較して近代化が遅れたのは、輸送需要の低さにあったと言われるが、開業から100年以上も、同じ規模での運転が続けられている珍しい路線である。

伊予鉄道 郡中線（松山市～群中港　12駅　11.3km）

軌間：1067㎜　動力方式：電化　直流750Ｖ

- 路線全線の起点：松山市　終点：郡中港（営業距離：11.3km）
- 路線の全通年月日：1939（昭和14）年5月10日
- 該当区間の開通年月日：1939（昭和14）年5月10日

Profile

明治時代に南予鉄道の路線として開業し、1916（大正5）年12月31日に合併によって伊予鉄道の路線となった。横河原線、高浜線との直通運転は行われておらず、すべての列車が、2両編成、または3両編成で、線内を往復している。終着駅群中港から瀬戸内海に面した伊予港は西へ500m。また東側に隣接する形でJRの伊予市駅がある。

土佐くろしお鉄道 宿毛線（宿毛～中村　8駅　23.6km）
軌間：1067㎜　動力方式：非電化（内燃車両）

- 路線全線の起点：宿毛　終点：中村（営業距離：23.6km）
- 路線の全通年月日：1997（平成9）年10月1日
- 該当区間の開通年月日：1997（平成9）年10月1日

Profile

国鉄時代に建設が計画され、着工後に工事が凍結された後、第三セクター鉄道土佐くろしお鉄道の路線として開業した。中村で同社の中村線と接続しているが、運行系統としては両路線は一体化しており、窪川で中村線が接続するJR土讃線を経由して、JRの特急列車も乗り入れている。宿毛はJRを除いた路線では、日本最南端の特急停車駅となっている。

土佐くろしお鉄道 阿佐線（後免～奈半利　21駅　42.7km）
軌間：1067㎜　動力方式：非電化（内燃車両）

- 路線全線の起点：後免　終点：奈半利（営業距離：42.7km）
- 路線の全通年月日：2002（平成14）年7月1日
- 該当区間の開通年月日：2002（平成14）年7月1日

Profile

宿毛線と同様に国鉄時代に着工された後に工事が凍結。新たに設立された第三セクター鉄道である土佐くろしお鉄道が受け皿となる形で開業した路線。そのような経緯から、土佐くろしお鉄道の中村線・宿毛線とは遠く離れた場所にある路線となっている。列車は単行の気動車によって運転されているが、朝ラッシュ時には2両編成も組成されている。

阿佐海岸鉄道 阿佐東線（海部〜宍喰　2駅　6.2km）

軌間：1067㎜　動力方式：非電化（内燃車両）

- 路線全線の起点：海部　終点：宍喰（営業距離：6.2km）
- 路線の全通年月日：1992（平成4）年3月26日
- 該当区間の開通年月日：1992（平成4）年3月26日

Profile

この路線も国鉄時代に建設が計画され、しかし着工後に工事が凍結されていた。そして第三セクター鉄道の路線としての開業を果たしている。当初は甲浦駅を終着としていたが、2021（令和3）年12月25日に線路と道路の両方の走行が可能なDMV（デュアルモードビークル）の運行を開始。これに伴い、甲浦駅は信号場の扱いに変更されている。

高松琴平電気鉄道琴平線琴電琴平駅

COLUMN 山の中に眠る未発見の廃線跡

今は路線規模も小さなものとなってしまった四国の鉄道だが、この地にもかつては無数と形容したくなる「盲腸線」があった。それは木材の運搬を主要業務とする森林鉄道で、仮に現存していたとしても、旅客営業路線のみを対象とした本書の範疇からは外れるものとなってしまうのであるが、規模は相当なものであったといわれている。

その正確な概要を把握できないことが、森林鉄道の特徴で、この鉄道の管轄が地方の営林署であったことから、全国的に一元化された資料がなく、その営林署が姿を消してしまうと、届けられた資料も散逸してしまうというのが常であったようだ。

そのような経緯があることから、例えば愛媛と高知の県境となる山岳地帯には、まだその存在が明確に把握されていない路線も少なからずあるといい、地元の人が線路跡を発見して驚くというケースもあるという。

全国に数多くあった産業用の鉄道も、トラック輸送への切り替えが進められたことで姿を消してしまった。貨物輸送はコストが最優先となる輸送機関だから、消滅は致し方ない話なのかもしれないが、地球環境の保護という観点からするのであれば、トラックよりも秀でているのが鉄道ということになるのだが。失われた鉄道が復活することはなさそうだ。

九州地方の盲腸線

博多南線（博多～博多南　2駅　8.5km）

軌間：1435㎜　動力方式：電化　交流25000V（60Hz）

- 路線全線の起点：博多　終点：博多南（営業距離：8.5km）
- 路線の全通年月日：1990（平成2）年4月1日
- 該当区間の開通年月日：1990（平成2）年4月1日

Profile

山陽新幹線の博多総合車両所への回送線を活用する形で開業した路線。博多総合車両所の周辺には住宅が多く、住民の声に応える形で、山陽新幹線用の列車を通勤輸送に使用している。法規上は在来線の扱いとなっており、運賃200円＋特定特急料金130円で利用できる。所要時間はおよそ8分。安く新幹線電車に乗れる路線として紹介されることも多い。

鹿児島本線（門司港〜門司　3駅　5.5km）

軌間：1067㎜　動力方式：電化　交流20000V（60Hz）

- 路線全線の起点：門司港・川内
　　　　　　終点：八代・鹿児島（営業距離：281.6km）
- 路線の全通年月日：1909（明治42）年11月21日
- 該当区間の開通年月日：1891（明治24）年4月1日

Profile

九州を代表する幹線の鹿児島本線は、起点の門司港と門司の間が盲腸線となり、どこかのどかな雰囲気が漂っている。門司港駅の近くに建つ九州鉄道記念館は、この路線の建設を手がけた明治の私鉄・九州鉄道が本社として使用していた建物を再利用したもの。鹿児島本線は、九州新幹線の開業によって、八代〜川内間が第三セクター鉄道に転換された。

筑豊本線（若松〜折尾　6駅　10.8km）

軌間：1067㎜　動力方式：非電化

- 路線全線の起点：若松　終点：原田（営業距離：66.1km）
- 路線の全通年月日：1929（昭和4）年12月7日
- 該当区間の開通年月日：1891（明治24）年8月30日

Profile

筑豊で産出される石炭を若松港に搬出すべく建設された筑豊本線は、石炭輸送華やかなりし時代には石炭列車が頻繁に運転され、若松〜折尾間は、非電化の盲腸線ながら複線化されるという珍しい形態となっている。昭和中期以降に筑豊の炭坑は相次いで閉山となり、現代の筑豊本線はローカル線に似た位置づけの路線となった。

香椎線（西戸崎～香椎　6駅　12.9km）
軌間：1067㎜　動力方式：非電化（内燃車両）

- 路線全線の起点：西戸崎　終点：宇美（営業距離：25.4km）
- 路線の全通年月日：1905（明治38）年12月29日
- 該当区間の開通年月日：1904（明治37）年1月1日

Profile

元々は軍用の石炭を西戸崎港に搬出するために私鉄として建設された路線で、1944（昭和19）年5月1日に国によって買収された。西戸崎～香椎間は、路線の大部分が全長８kmの砂州「海の中道」の中を走っていることから「海の中道線」という愛称名もつけられている。近年は沿線の宅地化が急速に進み、通勤路線としての需要が高まっている。

香椎線（長者原～宇美　6駅　6.2km）
軌間：1067㎜　動力方式：非電化（内燃車両）

- 路線全線の起点：西戸崎　終点：宇美（営業距離：25.4km）
- 路線の全通年月日：1905（明治38）年12月29日
- 該当区間の開通年月日：1905（明治38）年12月29日

Profile

香椎線は長者原で篠栗線と接続し、以北が盲腸線の形態となる。終着の宇美は単式ホーム１本のみを有する無人駅で、かつては国鉄勝田線にも宇美駅があったが、勝田線は1985（昭和60）年４月１日に廃止となった。なお、勝田線が健在だった時代にも、２つの宇美駅は100ｍほど離れた地点に建っており、乗り換えには一旦改札口の外に出る必要があった。

唐津線（唐津〜西唐津　2駅　2.1km）

軌間：1067㎜　動力方式：電化　直流1500V

- 路線全線の起点：久保田　終点：西唐津（営業距離：42.5km）
- 路線の全通年月日：1903（明治36）年12月14日
- 該当区間の開通年月日：1898（明治31）年12月1日

Profile

古く明治中期に唐津興行鉄道の路線として開業。その後、九州鉄道に合併され、さらに国有化されている。唐津線は長崎本線の久保田を起点とする非電化の路線だが、唐津〜西唐津間のみは 1983（昭和 58）年 3 月 22 日に筑肥線と共に直流電化され、筑肥線経由の電車と、唐津線経由の気動車の両方が乗り入れる区間となっている。

日田彦山線（田川後藤寺〜添田　5駅　9.5km）

軌間：1067㎜　動力方式：非電化（内燃車両）

- 路線全線の起点：城野　終点：夜明（営業距離：68.7km）
- 路線の全通年月日：1956（昭和31）年3月15日
- 該当区間の開通年月日：1942（昭和17）年8月25日

Profile

九州北部を南北に貫く亜幹線として機能していた日田彦山線だったが、2017（平成 29）年 7 月の豪雨によって添田〜夜明間の運行が休止され、長く代替バスの運行が続けられてきたが、2023（令和 5）年 8 月 28 日には日田彦山 BRT による運転が開始された。もし、添田以南の廃止が決まれば、田川後藤寺〜添田間が盲腸線となる。

三角線（宇土〜三角　9駅　25.6km）

軌間：1067㎜　動力方式：非電化（内燃車両）

- 路線全線の起点：宇土　終点：三角（営業距離：25.6km）
- 路線の全通年月日：1899（明治32）年12月25日
- 該当区間の開通年月日：1899（明治32）年12月25日

Profile

古く明治中期に開業した路線で、建設を手掛けたのは、現在の鹿児島本線の建設なども手掛けた私鉄の九州鉄道。天草や島原などへの航路が開かれている三角港への連絡を図って、鉄道の建設が急がれた。明治期の鉄道は、それまでの日本の主要交通であった海運、水運との連携が必須だった。現在はさまざまな観光列車の運転によって活性化が図られている。

指宿枕崎線（鹿児島中央〜枕崎　36駅　87.8km）

軌間：1067㎜　動力方式：非電化（内燃車両）

- 路線全線の起点：鹿児島中央　終点：枕崎（営業距離：87.8km）
- 路線の全通年月日：1963（昭和38）年10月31日
- 該当区間の開通年月日：1963（昭和38）年10月31日

Profile

九州の南端を走る盲腸線。路線延長は90km近く、運転本数も多くはないことから、全線を往復するだけでもなかなか大変な路線となっている。1984（昭和59）年3月までは、枕崎まで鹿児島交通の路線が延び、薩摩半島内を循環する鉄道が形成されていたが、それも昔話となっている。

日南線（田吉～志布志　27駅　86.9km）

軌間：1067㎜　動力方式：非電化（内燃車両）
（一部電化　交流20000V（60Hz））

- 路線全線の起点：南宮崎　終点：志布志（営業距離：88.9km）
- 路線の全通年月日：1963（昭和38）年5月8日
- 該当区間の開通年月日：1963（昭和38）年5月8日

Profile

こちらは大隅半島内を走る長大な盲腸線。かつては終着駅志布志で大隅線、志布志線が接続し、志布志駅は一大ジャンクションになっていたが、今や単式ホーム１本を有するのみの終着駅となっている。南宮崎駅の次の田吉駅から宮崎空港線が分岐することから、同駅以南が盲腸線となり、南宮崎～田吉間は交流電化されている。

宮崎空港線（田吉～宮崎空港　2駅　1.4km）

軌間：1067㎜　動力方式：電化　交流20000V（60Hz）

- 路線全線の起点：田吉　終点：宮崎空港（営業距離：1.4km）
- 路線の全通年月日：1996（平成8）年7月18日
- 該当区間の開通年月日：1996（平成8）年7月18日

Profile

宮崎空港へのアクセス路線として平成時代になって開業した路線。日南線の田吉から分岐する形で建設されたことから、日南線は南宮崎～田吉間のみ、当線と同様に交流電化される形となった。全列車が日南線を経由して南宮崎以北に足を延ばし、一部の列車を除いて宮崎まで直通運転が行われている。特急列車が数多く乗り入れているのも特徴的だ。

九州

九州地方の私鉄、第三セクター鉄道、公営交通の盲腸線

福岡市交通局 空港線（博多～福岡空港　3駅　3.3km）

軌間：1067㎜　動力方式：電化　直流　1500V

● 路線全線の起点：姪浜　終点：福岡空港（営業距離：13.1km）
● 路線の全通年月日：1993（平成5）年3月3日
● 該当区間の開通年月日：1993（平成5）年3月3日

Profile

当初は福岡市地下鉄1号線を名乗り、1993（平成5）年3月3日の博多～福岡空港間延伸時から空港線の名称が使われ始めた。姪浜ではJR筑肥線と相互直通運転を行い、同線沿線と福岡市の中枢部をダイレクトに結ぶルートとなっている。福岡空港駅は空港の直下に設けられ、空港へのアクセスが飛躍的に向上した。

福岡市交通局 七隈線（橋本～薬院　14駅　10.8km）

軌間：1435mm　動力方式：電化　直流　1500V

- 路線全線の起点：橋本　終点：博多（営業距離：13.6km）
- 路線の全通年月日：2023（令和5）年3月27日
- 該当区間の開通年月日：2005（平成17）年2月3日

Profile

2005（平成17）年2月3日に橋本～天神南間が開業。2023（令和5）年3月27日に博多間での延伸が行われた路線。福岡市営地下鉄の路線として3番目に、日本の鉄輪式リニアモーターミニ地下鉄として4番目に開業した路線である。また、福岡市営地下鉄では唯一1435mm軌間を採用している。橋本車両基地は地上に設置されている。

西日本鉄道 天神大牟田線（西鉄福岡（天神）～薬院　2駅　0.8km）

軌間：1435mm　動力方式：電化　直流　1500V

- 路線全線の起点：西鉄福岡（天神）
  終点：大牟田（営業距離：74.8km）
- 路線の全通年月日：1939（昭和14）年7月1日
- 該当区間の開通年月日：1924（大正13）年4月12日

Profile

九州を代表する私鉄、西日本鉄道の幹線である天神大牟田線の北のターミナル。駅周辺も福岡を代表する繁華街として賑わいを見せている。福岡市営地下鉄天神駅へは150m、天神南駅へは300 mの距離。またJR博多駅は東におよそ2kmの距離がある。

西日本鉄道 貝塚線（和白～西鉄新宮　3駅　3.8km）

軌間：1067㎜　動力方式：電化　直流　1500V

● 路線全線の起点：貝塚　終点：西鉄新宮（営業距離：11.0km）
● 路線の全通年月日：1951（昭和26）年7月1日
● 該当区間の開通年月日：1925（大正14）年7月1日

Profile

今は都市近郊のインターアーバンといった趣を見せている貝塚線だが、開業は大正時代。路線の建設を手掛けたのは博多湾鉄道汽船という会社で、筑豊地域で産出される石炭の港への輸送を主目的としていた。貝塚線は1929（昭和4）年8月16日に全線を電化した後、1942（昭和17）年9月19日に、西鉄の前身である九州電気軌道と合併した。

西日本鉄道 大宰府線（西鉄二日市～大宰府　3駅　2.4㎞）

軌間：1435㎜　動力方式：電化　直流　1500V

● 路線全線の起点：西鉄二日市　終点：大宰府（営業距離：2.4km）
● 路線の全通年月日：1902（明治35）年5月1日
● 該当区間の開通年月日：1902（明治35）年5月1日

Profile

明治時代に馬車鉄道として開業した路線。1927（昭和2）年9月24日に電化と1435㎜軌間への改軌を果たしているが、それまでは914mmという日本では少数派となる軌間を有していた。後に九州鉄道、九州電気軌道と合併。社名変更によって西鉄大宰府線となった。

西日本鉄道 甘木線（宮の陣〜甘木　12駅　17.9km）

軌間：1435㎜　動力方式：電化　直流　1500V

- 路線全線の起点：宮の陣　終点：甘木（営業距離：17.9km）
- 路線の全通年月日：1921（大正10）年12月8日
- 該当区間の開通年月日：1921（大正10）年12月8日

Profile

三井電気軌道によって開業し、後に九州鉄道、九州電気軌道を経て、西鉄甘木線を名乗る。今は合併によって朝倉市となった旧・甘木市は、中世から地域の中心と栄えた町だった。当線の甘木駅とJR甘木駅は100 mほど離れた場所に建っている。

筑豊電気鉄道 筑豊電気鉄道線（黒崎駅前〜筑豊直方　21駅　16.0km）

軌間：1435㎜　動力方式：電化　直流　1500V

- 路線全線の起点：黒崎駅前　終点：筑豊直方（営業距離：16.0km）
- 路線の全通年月日：1959（昭和34）年9月18日
- 該当区間の開通年月日：1956（昭和31）年3月21日

Profile

黒崎から筑豊を経て福岡市へ至る路線として西鉄により建設が計画された路線だったが、直方まで達したところで工事が凍結された。かつては黒崎駅前から西鉄北九州本線への乗り入れを行っていたが、西鉄北九州本線は2000（平成12）年11月26日に廃止となった。終着駅筑豊直方は、JR直方駅から500 m離れた場所に建っている。

甘木鉄道 甘木線（基山～甘木　11駅　13.7km）

軌間：1067㎜　動力方式：非電化（内燃車両）

- 路線全線の起点：基山　終点：甘木（営業距離：13.7km）
- 路線の全通年月日：1939（昭和14）年4月28日
- 該当区間の開通年月日：1939（昭和14）年4月28日
- 第三セクター鉄道への転換日：1986（昭和61）年4月1日

Profile

戦前に国鉄甘木線として開業。昭和末期に国鉄が全国の非採算路線を廃止した際にこの路線もその一つとなった。幸いなことに地元自治体、企業のバックアップを経て第三セクター鉄道として再出発。転換後は列車の増便など、利便性の向上が図られている。

平成筑豊鉄道 門司港レトロ観光線

（九州鉄道記念館～関門海峡めかり　4駅　2.1㎞）

軌間：1067㎜　動力方式：非電化（内燃車両）

- 路線全線の起点：九州鉄道記念館
  終点：関門海峡めかり（営業距離：2.1km）
- 路線の全通年月日：2009（平成21）年4月26日
- 該当区間の開通年月日：2009（平成21）年4月26日

Profile

門司港レトロ地区の観光施設の一つとして、貨物輸送に使用されていた線路の廃線跡を活用する形で開業した観光色の強い路線。第三セクター鉄道の平成筑豊鉄道が事業の受け皿となり、土曜・休日を中心にした運転が行われている。車両は2両の小型ディーゼル機関車が2両のトロッコ客車を挟んだもの。片道の所要時間は10分。

島原鉄道 島原鉄道線（諫早～島原港　24駅　43.2km）

軌間：1067㎜　動力方式：非電化（内燃車両）

- 路線全線の起点：諫早　終点：島原港（営業距離：43.2km）
- 路線の全通年月日：1913（大正2）年9月24日
- 該当区間の開通年月日：1913（大正2）年9月24日

Profile

島原半島の海沿いをぐるりと周回する形で諫早と島原港を結ぶ。2008（平成20）年4月1日に島原港（当時の駅名は島原外港）と加津佐の間が廃止されてしまったが、それまでは延長78.5kmの長大な路線だった。1991（平成3）年6月3日の雲仙普賢岳噴火に伴う火砕流の発生など、幾度も自然災害に見舞われてきたが、その都度立ち直っている路線だ。

熊本電気鉄道 菊池線（北熊本～御代志　11駅　7.2km）

軌間：1067㎜　動力方式：直流　600V

- 路線全線の起点：上熊本　終点：御代志（営業距離：10.6km）
- 路線の全通年月日：1913（大正2）年8月27日
- 該当区間の開通年月日：1913（大正2）年8月27日

Profile

熊本と温泉地として知られる菊池を結ぶ路線だった菊池線だが、1986（昭和61）年2月16日に御代志～菊池間が廃止されて、現在の路線の形態とは乖離した路線名となってしまった。北熊本で藤崎線が分岐していることから、北熊本～御代志間が盲腸線の形態となっている。現在は旧・静岡鉄道の車両、旧・東京メトロの車両で運行が続けられている。

熊本電気鉄道　藤崎線（北熊本～藤崎宮前　3駅　2.3㎞）

軌間：1067㎜　動力方式：直流　600V

- 路線全線の起点：北熊本　終点：藤崎宮前（営業距離：2.3km）
- 路線の全通年月日：1911（明治44）年10月1日
- 該当区間の開通年月日：1911（明治44）年10月1日

Profile

菊池線と共に914mm軌間を採用して、菊池軌道が建設した路線。両路線とも1923（大正12）年8月に電化と1067mm軌間への改軌を行っている。いち早い電化と改軌は、両路線の輸送力を飛躍的に高めたはずである。かつては藤崎宮前から上熊本まで軌道法に準拠した路線があったが、敷地を熊本市電に譲渡して廃線としている。

南阿蘇鉄道　高森線（立野～高森　10駅　17.7km）

軌間：1067㎜　動力方式：非電化（内燃車両）

- 路線全線の起点：立野　終点：高森（営業距離：17.7km）
- 路線の全通年月日：1928（昭和3）年2月12日
- 該当区間の開通年月日：1928（昭和3）年2月12日
- 第三セクター鉄道への転換日：1986（昭和61）年4月1日

Profile

廃止となった国鉄高森線を受け継いで開業した第三セクター鉄道の路線。当初の計画では路線を高森からさらに延長し、高千穂線（後の高千穂鉄道）と結ぶ予定であったが、工事は凍結され、盲腸線が残る形となった。第三セクター鉄道に転換後は、トロッコ列車の運転や、日本一長い駅名の設置などを実施。観光色の強い路線として経営を続けている。

くま川鉄道 湯前線（人吉温泉～湯前　14駅　24.8km）

軌間：1067㎜　動力方式：非電化（内燃車両）

- 路線全線の起点：人吉温泉　終点：湯前（営業距離：24.8km）
- 路線の全通年月日：1924（大正13）年3月30日
- 該当区間の開通年月日：1924（大正13）年3月30日
- 第三セクター鉄道への転換日：1989（平成元）年10月1日

Profile

廃止となったJR湯前線を転換して開業した第三セクター鉄道の路線。やはり当初の計画では湯前からさらに路線を延伸させ、廃止となった妻線の杉安に達する予定だったが、計画は中止となり、盲腸線が残された。このような事例は全国に数多い。現在は高校生の通学輸送が主体となっており、このような事例も、現代の日本のローカル線に数多い。

平成筑豊鉄道門司港レトロ観光線関門海峡めかり駅

盲腸線の楽しみ

盲腸線の旅には、夢を見る楽しさがある。列車に揺られながら、これから訪れる終着駅の姿に思いを巡らして時を過ごす鉄道旅行だけの楽しさがある。

運転本数が少ないローカル線の場合は、今乗ってきた列車で折り返さなければならないこともあり、すると現地の滞在時間はとても短いものとなって、旅情を味わうところではない。写真を撮ったり、ひと昔前であれば入場券を買ったりで忙しく、駅前に何があったのかさえ覚えていないこともしばしばなのだが、多くの人がそんな旅を続けてきたのだから、それでいいのだろう。

盲腸線を訪れると、当然のことながら帰路は同じ道を辿ることになる。けれども、だからそれが退屈ということにはならず、やっぱりいろいろと忙しい。もしも退屈だったなら、その時は携えてきた本を読むなり、眠ってしまってもよい。それも、自動車の旅行などではできない時の過ごし方である。

そんな旅の舞台となった盲腸線も、今はずいぶんと数が少なくなってしまった。昭和末期から続けられてきた地方ローカル線の廃止は、行きつくところまでいった感があり、昔の鉄道地図を見て、昔の鉄道の路線の多さを知り、竦然としたことをきっと多くの人が体験しているはずだ。一般的に、沿線風景の美しい路線ほど利用者が少なく、したがって、今も残されている路線は少ない。失われた鉄道が戻ってくることはなく、私たちは大切な財産を、この30年、40年の間に失ってしまったことになる。

もっとも数だけでいうのであれば、盲腸線の数は減ってはいない。現代に開業する路線は、そのほとんどすべてが電車を運転する路線で、電車という輸送機関の大きなアドバンテージの一つが、終点での折り返しに手間がかからないことである。非常に簡素な造りの駅でも、電車ならば折り返すことができ、だから、現代に誕生する路線の多くが、盲腸線の姿を採って誕生する。特に地下鉄などの都市交通で、この傾向が顕著だ。

それでは全線で暗闇の中を走る地下鉄で、どんな旅の楽しみを見つけるかは人それぞれということになるのだろう。近年の駅はデザインに工夫が凝らされているから、それを比べてみても良し、想像していたものとは違う地上の風景に驚くという方法もある。これであれば、かつての山の中のローカル線の旅と同じ味わいがあるかもしれない。

鉄道を知ることの第一歩は、やはり乗ることだろう。近年流行のインターネット経由の情報取得や、動画配信は魅力的なツールではあるけれど、やはり、それだけでことが足りるわけではない。訪れた駅、訪れた盲腸線に、どのような車両がいて、どのような施設があって、どのような人がいたのか。空の色は？　風の音は？　そんなすべてを、疑似体験では知ることができない。だから思い出もできないのである。

旅とは出会いであり、それは再現の不可能な一期一会のものである。そして、一人の体験は、世界に無二のものである。それを手に入れるには旅に出るしかない。全国の盲腸線は、そんな鉄道旅行には最適の舞台だ。どこかに効率の悪さも残る盲腸線には、鉄道の魅力が凝縮されている。

Profile

池口英司（いけぐち・えいじ）

1956（昭和31）年東京都生まれ。鉄道ライター、カメラマン。日本大学藝術学部写真学科卒業後、出版社勤務を経て独立。著書に旅鉄ガイド『鉄道ミュージアムガイド』、交通新聞社新書『鉄道趣味人の世界』などがあるほか、鉄道雑誌などに寄稿多数。

主要参考文献

『日本国有鉄道百年史』（日本国有鉄道）、『鉄道要覧』（鉄道図書刊行会）、『JR全線全駅』（弘済出版社）、『私鉄全線全駅』（交通新聞社）、月刊『JR時刻表』各号（交通新聞社）、月刊『鉄道ピクトリアル』各号（電気車研究会）、月刊『鉄道ファン』各号（交友社）など。

編　集　揚野市子（「旅と鉄道」編集部）
装　丁　栗八商店
本文デザイン　マジカル・アイランド
校　正　吉谷友尋
図版作成　ジェオ
写真協力　本村忠之

おとなの鉄学007

盲腸線データブック

2023年11月21日　初版第1刷発行

著　者　池口英司
発行人　藤岡 功
発　行　株式会社天夢人
〒101-0051　東京都千代田区神田神保町1-105
https://www.temjin-g.co.jp/
発　売　株式会社山と溪谷社
〒101-0051　東京都千代田区神田神保町1-105
印刷・製本　株式会社シナノパブリッシングプレス

●内容に関するお問合せ先
「旅と鉄道」編集部　info@temjin-g.co.jp　電話03-6837-4680

●乱丁・落丁に関するお問合せ先
山と溪谷社カスタマーセンター　service@yamakei.co.jp

●書店・取次様からのご注文先
山と溪谷社受注センター　電話048-458-3455　FAX048-421-0513

●書店・取次様からのご注文以外のお問合せ先
eigyo@yamakei.co.jp

ISBN978-4-635-82490-3